Udo Paul

Chance Strukturvertrieb

Udo Paul

Chance Strukturvertrieb

Von der Basis an die Spitze –
ein Wegweiser
für erfolgreiche Verkäufer

Oesch Verlag

Die Deutsche Bibliothek – CIP-Einheitsaufnahme

Paul, Udo:

Chance Strukturvertrieb : von der Basis an die Spitze – ein Wegweiser für erfolgreiche Verkäufer / Udo Paul. – Zürich : Oesch, 1993

ISBN 3-85833-447-2

Schutzumschlag: Heinz von Arx, Zürich
Satz: Typobauer Filmsatz GmbH, Ostfildern
Druck und Bindung: Franz Spiegel Buch GmbH, Ulm
Printed in Germany

ISBN 3-85833-447-2

6 5 4 3 2 1

Inhalt

Der Strukturvertrieb

Herzlichen Glückwunsch,

daß Sie sich entschlossen haben, die Chance Strukturvertrieb für sich zu nutzen. Egal, in welcher Branche Sie arbeiten oder welches Produkt Sie vertreiben: Der Strukturvertrieb bietet all jenen überdurchschnittliche Chancen, die bereit sind, durch Leistung mehr im Leben zu erreichen, als sie es bisher gewohnt waren oder gar zu träumen wagten.

Dieses Buch soll Ihnen beim Einstieg in dieses neue Betätigungsfeld helfen. Es ist einerlei, ob Sie haupt- oder nebenberuflich im Vertrieb beginnen. Es gibt hier wie überall gewisse Eigenheiten und Besonderheiten, in die dieses Buch Sie einweihen wird.

Es ist zum einen ein Lehrbuch (aber keine Angst, keines im klassischen Sinne), zum anderen auch ein unverzichtbares Nachschlagewerk, das Sie immer dann einsetzen sollten, wenn Sie auf Schwierigkeiten stoßen. Vor allen Dingen soll es jedoch eine sinnvolle Ergänzung zu der Ausbildung sein, die Sie durch Ihre Gesellschaft erhalten.

Dabei werden wir nicht über die fachliche Ausbildung sprechen. Diese ist ausschließlich Ihrer Gesellschaft vorbehalten. Wir wollen uns voll und ganz auf die Feinheiten des Vertriebes konzentrieren, also auf die Dinge, die Sie erfolgreich machen.

Arbeiten (nicht lesen!) Sie das Buch mehrmals durch, bis Sie alle Ihnen wichtig erscheinenden Kapitel beherrschen. Das heißt im Klartext: Unterstreichen oder, noch besser, schreiben Sie sich alles, was Ihnen wichtig erscheint, heraus. Wenn Fragen oder Unstimmigkeiten mit dem Konzept Ihrer Gesellschaft bestehen, wenden Sie sich an Ihren Ausbilder (im Vertrieb liebevoll »Strucki« genannt). Seine Anweisungen sind für Sie maßgebend! Was immer er – oder sie – sagt, hören Sie darauf. Dies ist mein erster und wahrscheinlich auch wichtigster Tip für Ihre gesamte Karriere. Glauben Sie mir, Ihr Strucki ist der bessere Mann. Nicht weil er intelligenter ist als Sie oder mehr Talent hat, sondern weil er mehr Erfahrung besitzt. Und genau die sollten Sie für Ihren Erfolg nutzen.

Also, viel Erfolg auf dem Weg zu einer beispiellosen Karriere!

Ihr *Udo Paul*

Einleitung

Der Strukturvertrieb ist ein Buch, das Sie auf den Weg an die Spitze Ihrer Gesellschaft bringen soll. Wir werden alle für diese Position erforderlichen Kenntnisse und Feinheiten durchgehen, so daß Sie die Anforderungen, die an Sie gestellt werden, absolut sicher und perfekt erfüllen können.

Mit diesem Buch möchte ich Ihnen die Hilfe geben, die ich mir am Anfang meiner Karriere gewünscht hätte. Wir werden keine tiefenpsychologischen Abhandlungen über den Verkauf betrachten und analysieren, sondern die Grundelemente durchgehen, die auf der untersten Stufe des Strukturvertriebes notwendig sind, um die ersten Erfolge verbuchen zu können und die Grundsteine für Ihre Karriere zu legen. Natürlich werden dabei auch hilfreiche Tips aus der Praxis nicht fehlen.

In diesem Buch werden verschiedene Beispiele meines eigenen Einstieges in den Strukturvertrieb beschrieben. Damit will ich nicht meine eigene Person profilieren oder in den Vordergrund rücken. Ich habe lediglich meine eigenen Erlebnisse als Beispiele gewählt, weil ich keine anderen so gut kenne wie diese.

Nutzen Sie deshalb meine hier beschriebenen Erfahrungen und vor allem die Erfahrungen Ihres Struckis für Ihren eigenen Erfolg. Warum sollen Sie denn dieselben Fehler noch einmal machen, die Ihr Strucki oder auch ich schon gemacht haben? Hören Sie auf die Tips, die Ihnen Ihr Strucki und dieses Buch geben. Sie können davon nur profitieren!

Ihr Strucki hat dasselbe Ziel wie Sie. Er will Sie erfolgreich machen, denn Ihr Erfolg ist gleichzeitig auch sein Erfolg. Das ist das Schöne am Strukturvertrieb. Wenn Sie sich in »normalen« Firmen umschauen, dann werden Sie eine Ellbogengesellschaft vorfinden. Jeder versucht sich ins rechte Licht zu rücken, damit er bei der nächsten Beförderung oder Gehaltserhöhung schneller vorwärtskommt. So scheint es oft, daß jeder gegen jeden arbeitet. Die Mitarbeiter, die nach oben kommen wollen, sägen mit aller Macht an den Stühlen über ihnen. Von oben wiederum wird versucht, die Mitarbeiter zu drücken, damit der eigene Platz nicht gefährdet ist.

Im Strukturvertrieb dagegen ziehen alle Mitarbeiter am selben Strick. Ihr Strucki kann nur dann erfolgreich werden, wenn Sie selbst auch erfolgreich sind. Ihr Umsatz bringt auch ihn weiter. Deshalb wird Ihr Strucki, und sein Strucki auch, Ihnen helfen, wo immer es geht. Denken Sie jetzt aber bitte nicht, daß Ihr Strucki dadurch auf Sie angewiesen ist und Sie ihm jetzt Vorschriften machen können. Wenn *Sie* nicht wollen, dann gibt es immer noch genug Menschen, die sich um eine Karriere im Strukturvertrieb reißen!

Wenn Sie jedoch Erfolg im Vertrieb anstreben, dann müssen Sie auch etwas dafür tun und sich ständig weiterbilden. Scheuen Sie sich bitte niemals zu fragen, wenn Sie einmal mit etwas nicht zurecht kommen. Viele Leute glauben, daß sie sich blamieren, wenn sie einmal nach etwas fragen müssen. Besondes wenn es um Fachwissen geht, müssen Sie ganz genau Bescheid wissen. Das, was Kunden am wenigsten schätzen, sind Verkäufer mit zuwenig Fachwissen. Halten Sie sich hier also immer auf dem neuesten Stand.

Es kann sein, daß verschiedene Punkte in diesem Buch nicht für die Gesellschaft zutreffen, bei der Sie beschäftigt sind. In diesem Fall ignorieren Sie diese Punkte einfach. Arbeiten Sie nur mit dem, was für Sie wichtig ist. Wenn Sie der Meinung sind, daß gewisse Dinge für Sie nicht relevant sind, dann fragen Sie Ihren Strucki, ob diese Punkte Ihrer Gesellschaft entsprechend angepaßt werden können.

Lesen Sie das Buch sorgfältig, denn es sind sehr viele Punkte enthalten, die in nur zwei oder drei Sätzen abgehandelt werden. Lesen Sie deswegen lieber weniger Seiten auf einmal, diese dafür um so intensiver.

Schließlich möchte ich Sie noch um einen Gefallen bitten: Viele Leute erfahren von den Verdienst- und Aufstiegsmöglichkeiten des Strukturvertriebes und drehen dann durch. Sie laufen herum und erzählen jedem Menschen, den sie treffen, von den großartigen Dingen, die sie in der nächsten Zeit tun und was sie dabei so verdienen werden. Durch diese Angeberei machen sie sich aber nur unbeliebt, denn damit stellen sie die anderen Leute als Idioten hin.

Sie haben so etwas nicht nötig. Machen Sie durch Leistung auf sich aufmerksam, denn wenn Sie etwas geleistet haben, dann bekommen Sie auch die Anerkennung der anderen Leute. Um diesen Gefallen möchte ich Sie nicht meinetwegen, sondern Ihretwegen bitten. Wenn Sie anfangen anzugeben, dann werden sich Ihre Bekannten von Ihnen distanzieren. Dann brauchen Sie auch gar nicht erst zu versuchen, ihnen womöglich eines Ihrer Produkte zu verkaufen.

Es glaubt Ihnen sowieso niemand, was für eine Chance Sie im Strukturvertrieb bekommen haben, denn dazu sind die Menschen von kleinster Kindheit her zu sehr beeinflußt. Es paßt nicht in die Vorstellung der Menschen, daß jemand, der nicht studiert oder geerbt hat, im Monat mehr als DM 10 000 verdienen kann. Deswegen werden Sie für einen Spinner gehalten, dem man einen Bären aufgebunden hat.

Wenn Sie es allerdings geschafft haben, dann wird sich jeder bemühen, Ihr Freund zu sein. Geben Sie sich deshalb am Anfang bescheiden, verlegen Sie sich lieber aufs Unterstatt aufs Übertreiben. Dann werden die anderen Leute Ihnen sogar noch helfen, erfolgreich zu werden.

So, dann wollen wir auch gleich loslegen und uns zuerst die telefonische Terminvereinbarung anschauen.

1. Kapitel

Der erste Eindruck ist der entscheidende ...

Wie immer Ihre Ausbildung aussehen mag, Sie behält am Anfang ein einziges Ziel im Visier: den Verkauf.

Dies ist Ihre erste Aufgabe, und sie müssen den Verkauf rundum beherrschen, wenn Sie Karriere machen wollen. Wenn Sie aus irgendwelchen Gründen meinen, nicht verkaufen zu müssen, dann vergessen Sie den Strukturvertrieb! Sie sollen ja schließlich später, als erste Stufe Ihrer Führungslaufbahn, neuen Mitarbeitern den Verkauf beibringen – und wie soll das gehen, wenn Sie den Verkauf nicht selbst beherrschen? Jetzt erzählen Sie mir nicht, daß Sie durch theoretische Schulungen den Verkauf lernen. Verkaufen lernt man nur in der Praxis! Vielleicht zerstöre ich jetzt Ihre Illusion von der schnellen Karriere. Aber im Vertrieb geht der Aufstieg über alle (!) Stationen. Die Leute, die diese unbeschreiblichen Karrieren gemacht haben, zeichnen sich vor allem durch eines aus: Sie waren und sind hervorragende Verkäufer!

Das A und O des Strukturvertriebs ist das Verkaufen. Ganz egal, ob sie am Anfang Produkte verkaufen, später Mitarbeiter einstellen und führen oder Schulungen halten: Sie müssen immer verkaufen. Zu Beginn verkaufen Sie Produkte, beim Einstellungsgespräch verkaufen Sie Ihre Firma und bei Schulungen Ihre Person. Deshalb sollten Sie sich Ihre Führungskräfte zum Vorbild nehmen und ihnen mit aller

Kraft nachstreben, denn sie sind schon ein Stück auf dem Erfolgsweg vorausgegangen. Ihre Führungskräfte haben dasselbe Ziel wie Sie, sie wollen an die Spitze und Top-Vertriebsleute mit nahezu unbeschreiblichem Einkommen werden. Und einen solchen Vertriebsmann bzw. eine solche Vertriebsfrau wollen wir auch aus Ihnen machen.

Die erfolgreiche Terminvereinbarung

Den ersten Kontakt mit dem Kunden haben wir bei der Terminvereinbarung. Die ersten Worte, die der Kunde von Ihnen hört, bestimmen seinen Eindruck von Ihnen. (Wir gehen hier von der telefonischen Terminvereinbarung aus. Bei der Direktansprache an der Tür funktioniert es genauso, jedoch sind hier die Tips vom persönlichen Auftreten zusätzlich zu beachten.) Der Eindruck, den der Kunde hier von Ihnen erhält, bestimmt sein weiteres Verhalten Ihnen gegenüber und darüber, ob Sie ihr oder ihm jemals ein Produkt verkaufen. Deswegen ist dieser erste Kontakt die Basis des Verkaufs.

Wie eine gute Vorbereitung Ihren Erfolg vergrößert

a) Fertigen Sie eine Namenliste an:

Eine Namenliste ist eine Aufzeichnung der Namen aller Leute, die als Kunden in Frage kommen. Sie soll außer dem Namen auch die Telefonnummer und allenfalls einige Hinweise zum Kunden enthalten. Die Namenliste mit mindestens hundert Namen ist der Grundstock für Ihren Erfolg. Fertigen Sie diese gemeinsam mit Ihrem Strucki vor der Terminvereinbarung an. Ergänzen Sie sie ständig, z. B. mit Namen, die Sie durch Empfehlungen erhalten haben, so daß Sie immer über einen ausreichendes Kundenpotential von mindestens 100 Personen verfügen.

b) Legen Sie sich einen Wochenplan an:

Ein Wochenplan ist ein Blatt, auf dem alle Tage einer Woche dargestellt sind. Viele Vertriebsleute verwenden ein Zeitplanbuch (z. B. »Time-System« oder »Success«). Das ist zwar praktisch und sieht toll aus, ist aber zur Terminvereinbarung nicht zu gebrauchen, da hier pro Seite nur ein Tag aufgeführt ist. Bei einer Terminabstimmung mit dem Kunden entsteht so nur ein unnötiges Blättern. Die vereinbarten Termine können Sie anschließend (!) gegebenenfalls in Ihr Zeitplanbuch übertragen. Sie halten mit Vorteil drei Wochenpläne bereit, falls Sie mit dem Kunden einen Termin für die nächste oder übernächste Woche vereinbaren müssen. Bereiten Sie Ihren Wochenplan für die Terminvereinbarung vor, das heißt, tragen Sie schon vorher irgendwelche feststehenden Termine, z. B. Schulungen oder Freizeitveranstaltungen, ein, und markieren Sie die Zeiten, in denen Sie Kundengespräche führen wollen. So ist es leichter, mit dem Kunden einen gemeinsamen Termin zu finden, der sich nicht mit Ihren Privatterminen überschneidet.

c) Üben Sie den Text für die Terminvereinbarung:

Daß der Text, den Sie dem Kunden erzählen, perfekt sitzen muß, brauche ich wahrscheinlich nicht zu erläutern. Halten Sie sich hier genau an die Anweisungen Ihres Struckis, und erzählen Sie dem Kunden keinen Unsinn! Bei der Terminvereinbarung geht es nur darum, einen Termin zu bekommen. Machen Sie deshalb den Kunden neugierig, so daß er sich von dem Gespräch mit Ihnen einen Vorteil verspricht. Das geht aber nur, wenn Sie höchstens zwei oder drei Minuten mit dem Kunden telefonieren. Geben Sie dem Kunden am Telefon auf keinen Fall fachliche Informationen; dadurch nehmen Sie sich selbst möglicherweise Argumente fürs Kundengespräch weg. Besonders am Anfang will man alles möglichst gut machen, und im Übereifer neigt man gern dazu, dem Kunden alles zu sagen, nur das nicht, was man soll. Deswegen sollten Sie mindestens in den ersten drei Monaten die Terminvereinbarung nur gemeinsam mit Ihrem Strucki machen. Er kann Ihnen dann gleich wertvolle Tips geben, falls Sie etwas doch noch nicht ganz richtig machen sollten. Am besten tut man sich mit drei oder vier anderen Leuten zusammen, um Termine zu vereinbaren. Da lernt man immer etwas dazu und wird von den anderen Kollegen gleich wieder motiviert, wenn man einmal bei einem Kunden abgeblitzt ist.

d) Halten Sie einen Spiegel bereit:

»Was soll denn das?« – werden Sie verständlicherweise denken. Der Spiegel wird Ihnen vor allen Dingen am Anfang eine wertvolle Hilfe sein. Es ist erwiesen, daß am Klang der Stimme zu hören ist, ob ein Mensch lacht oder ein ernstes Gesicht macht. Und im Verkauf können wir kein ernstes Gesicht gebrauchen. Im Alltag um uns herum gibt es schon genug ernste Gesichter. Mit unserem Anruf müssen wir den Kunden aus seiner Welt und seinen Problemen herausreißen. Deswegen begrüßen wir ihn gleich mit einer fröhlichen Stimme! Und das geht eben nur, wenn wir lächeln. Mit Hilfe des Spiegels können wir uns ständig kontrollieren, ob wir das auch wirklich tun. Und spätestens beim Anblick seines eigenen Gesichts muß jeder lächeln – Sie bestimmt auch!

e) Sorgen Sie für Ruhe:

Für die Terminvereinbarung braucht man absolute Ruhe. Man kann nicht bei spielendem Radio oder Fernseher Termine vereinbaren, und schon gar nicht bei Kindergeschrei. Deswegen sollten sie niemals von zu Hause aus Termine vereinbaren, sondern nur vom Büro aus. Und wenn dort einige Kollegen zu laut sind, dann bitten Sie um Ruhe. Jeder wird das verstehen und sich daran halten. Außerdem ist es sowieso unwahrscheinlich, daß die Kollegen sich unterhalten und nicht selbst Termine vereinbaren.

f) Sorgen Sie für Ordnung:

Der Schreibtisch ist kein Papierkorb, also stopfen Sie ihn nicht mit unnützem Material voll. Auf dem Schreibtisch befinden sich nur folgende Unterlagen:

- die Namenliste, komplett ausgefüllt;
- die Wochenpläne für die nächsten drei Wochen;
- der Terminvereinbarungstext;
- ein Spiegel;
- ein Hundertmarkschein, damit sie immer wissen, wofür Sie Termine vereinbaren.

Diese Unterlagen sind schon komplett fertig, so daß Sie nicht während der Terminvereinbarung z.B. noch Telefonnummern nachschlagen müssen.

g) Vereinbaren Sie Termine:

Jetzt setzen Sie sich ans Telefon und arbeiten! Es wird so lange telefoniert, bis jede und jeder in der Gruppe mindestens fünf Termine für die folgende Woche fixiert hat. Das gilt für nebenberufliche Mitarbeiter. Hauptberufliche machen selbstverständlich mindestens zehn Termine pro Woche. Alles andere ist Betrug. Der größte Betrug, den es gibt, ist der Betrug sich selbst gegenüber. Wenn Sie Ihr Ziel nicht erreicht haben, also z. B. nur drei oder vier Termine vereinbart haben, dann brechen Sie nicht ab mit der Begründung: »Den Rest mache ich halt morgen.« Glauben Sie mir, Sie machen es nicht! Und genau in diesen Momenten können Sie beweisen, ob Sie jemals als Führungskraft Erfolg haben werden. Denn eine Führungskraft besitzt vor allen Dingen eines, nämlich Konsequenz. Konsequenz, werden Sie sagen, ist doch das Leichteste, was es auf der Welt gibt. Richtig, solange es um Konsequenz gegenüber anderen geht. Aber Konsequenz sich selbst gegenüber? Da geht es los, da können Sie zum ersten Mal beweisen, was in Ihnen steckt. Wenn Sie schon bei diesen einfachen elementaren Dingen versagen, wie wollen Sie dann später einen Mitarbeiterstab führen? Fühlen Sie sich jetzt etwas verletzt? Dann sollten Sie das Buch gleich wegwerfen! Aber dann kann ich Ihnen versprechen, daß Sie den Traum von der großen Karriere hier schon begraben können. Denn im Vertrieb werden keine eingebildeten Individualisten, sondern hart arbeitende Karrieresüchtige gebraucht!

Eine erfolgreiche Begrüßung ist Gold wert

Wenn sich der Kunde am Telefon meldet, etwa mit »Ja bitte«, dann begrüßen Sie ihn freundlich und mit Begeisterung. Am besten hat sich hier die sogenannte doppelte Namensnennung bewährt, also zum Beispiel: »Guten Tag Herr Kaufmann, mein Name ist Muster, Karl Muster, guten Tag.«

Dabei kommt es erstens darauf an, daß der Kunde Ihren Namen deutlich versteht. Noch wichtiger ist es aber, daß der

Kunde Ihnen antworten muß! Deshalb heben Sie beim zweiten »guten Tag« etwas die Stimme. Es ist bei der Terminvereinbarung ganz wichtig, daß sich der Kunde auf Ihr Frage-und-Antwort-Spiel einläßt. Beenden Sie deshalb jeden Abschnitt mit einer Frage.

Denken Sie jedoch daran: Ihr Anruf kommt unerwartet, ja vielleicht sogar ungelegen! Deshalb sind Zurückhaltung oder Ablehnung des Kunden nichts Außergewöhnliches, sondern eine ganz normale Schutzreaktion gegenüber Fremden. Ihre Aufgabe ist es jetzt, den Kunden so neugierig zu machen, daß er bereit ist, mit Ihnen einen Termin zu vereinbaren.

Das geht am einfachsten bei Bekannten. Und genau aus diesem Grund sollten Sie am Anfang Termine in Ihrem Bekanntenkreis vereinbaren. Da können Sie Ihr neuerworbenes Wissen gleich anwenden, ohne die Angst im Nacken zu haben, alles falsch zu machen. Seinem Freund oder Bekannten sagt man beim Kundengespräch dann am besten gleich zu Beginn, daß man sich in ein neues Berufsfeld gewagt hat und somit noch ganz am Anfang steht. Er wird Ihnen dann garantiert die eine oder andere Unsicherheit verzeihen. Was für Sie jedoch viel wichtiger ist: Sie können in einer ungezwungenen Atmosphäre und ohne jeden Druck Ihre ersten Schritte wagen.

Manche von Ihnen werden jetzt vielleicht denken: »Ich will keine Geschäfte in meinem Bekanntenkreis machen.« Wenn das Ihre Gedanken sind, dann frage ich Sie, ob Sie von dem Produkt, das Sie vertreiben, überzeugt sind. Und wenn Sie von dem Produkt nicht so überzeugt sind, daß Sie es Ihrem besten Freund empfehlen können, dann ist Ihre Firma nicht das Richtige für Sie. Ich habe im Vertrieb jedenfalls noch nie jemand erlebt, der erfolgreich wurde und nicht im Bekanntenkreis mit dem Verkauf begonnen hat.

Ohne den richtigen Gesprächspartner geht gar nichts

Kehren wir jedoch zurück zur Terminvereinbarung. Da die Terminvereinbarung bei Bekannten nicht weiter schwer ist, schauen wir uns einmal an, wie wir uns bei Empfehlungen verhalten. (Die Terminvereinbarung bei Bekannten sollten Sie aber trotzdem mit Ihrem Strucki üben. Falls Sie nicht auf Empfehlungsbasis arbeiten, würde ich Ihnen das wärmstens empfehlen, denn alle anderen Arbeitsweisen sind viel schwieriger.)

Jetzt müssen wir feststellen, ob wir überhaupt den richtigen Gesprächspartner am anderen Ende des Telefons haben: »Spreche ich mit Herrn Max Kaufmann?« Falls ja, dann fahren Sie mit dem Gespräch fort, im anderen Fall: »Könnte ich bitte Herrn Max Kaufmann sprechen?«

Hier können bereits die ersten Hürden auftreten, wenn die Ehefrau, der Vater oder die Sekretärin nachfragen: »Worum geht es denn?« Jetzt nur keine Fehler machen! Auf keinen Fall dürfen Sie jetzt verlegen werden oder gar zu stottern anfangen. Als sei es die selbstverständlichste Sache der Welt, antworten Sie: »Ich rufe im Auftrag eines gemeinsamen Bekannten, Herrn Müller, an. Wann kann ich denn Herrn Kaufmann am besten erreichen?« So, jetzt haben wir den Ball mit einer Frage wieder an den Gesprächspartner zurückgegeben, und der muß uns jetzt antworten.

Diese Technik ist so wichtig, daß wir sie ab sofort immer wieder einsetzen werden. Und egal, was Sie jetzt als Antwort bekommen, also z. B. »Er ist ab 18 Uhr wieder da« oder »Ich weiß nicht, wann er wieder da ist«, verabschieden Sie sich schnell, etwa mit: »Gut, dann versuche ich es später noch einmal. Danke schön. Auf Wiederhören.«

Es ist ganz wichtig, sich nicht von jemandem in ein Gespräch verwickeln zu lassen, mit dem man gar keinen Termin vereinbaren will. Sonst besteht die Gefahr, daß Sie irgendwelche Informationen beispielsweise der Sekretärin geben und die dann, vielleicht auch nur um sich wichtig zu machen, Sie gar nicht bis zu ihrem Chef durchläßt. Denn es genügt, wenn die Sekretärin ein »Wieder so ein Vertreter« vom Stapel läßt, und Sie haben sich sämtliche Chancen vertan.

Zum richtigen Zeitpunkt die richtigen Worte

Nachdem wir jetzt festgestellt haben, daß wir den richtigen Gesprächspartner an der Strippe haben, müssen wir noch feststellen, ob wir auch den richtigen Zeitpunkt erwischt haben. Sie können sich bestimmt vorstellen, wie groß das Interesse des Kunden an Ihrem Gespräch ist, wenn im Fernseher gerade ein Fußballspiel übertragen wird. Deshalb fügen wir hier die Frage ein: »Herr Kaufmann, störe ich Sie gerade bei einer wichtigen Tätigkeit?« Wenn das der Fall ist, wird er es uns bestimmt sagen; wenn nicht, sagt er entweder »nein« oder »Worum geht es denn?«.

So stellen wir einen Kontakt zum Kunden her

Und jetzt müssen wir nur noch einen persönlichen Kontakt zum Kunden herstellen. Stellen Sie sich vor, bei Ihnen ruft jemand an, den Sie nicht kennen und von dem Sie somit auch nicht wissen, was er von Ihnen will. Mal ganz ehrlich: Haben Sie Interesse, mit so jemandem zu sprechen? Nein, stimmt's? Andererseits ruft Ihr bester Freund an, mit dem wollen Sie doch bestimmt sprechen, richtig? So, jetzt müssen wir nur noch diese beiden Erkenntnisse miteinander verknüpfen: »Herr Kaufmann, Sie kennen mich noch nicht persönlich, aber ich soll Ihnen einen schönen Gruß von Herrn Müller bestellen, Ihrem Arbeitskollegen. Sie wissen, wen ich meine?« Hier haben wir zwei Fliegen mit einer Klappe geschlagen. Einerseits haben wir einen Bogen zum Kunden geschlagen, und andererseits muß uns der Kunde wieder auf unsere Frage antworten. Die Beantwortung erfolgt meistens durch eine »Danke, und?« oder etwas Ähnliches.

Der Grund unseres Anrufs

Das ist nun genau der Augenblick, in dem wir dem Kunden zum ersten Mal eine Information geben: »Ich habe in den letzten Tagen ein sehr interessantes Gespräch mit Herrn Müller geführt, und dabei ging es um das Thema ...« Da setzen Sie jetzt einen Vorteil ein, den Ihr Produkt dem Kunden bieten kann. Wenn Sie also zum Beispiel Versicherungen verkaufen, dann eignen sich hier die Wörter »Sicherheit« oder »Geld«. Beim Staubsaugerverkäufer eignen sich hier »Zeitersparnis« oder »Leistung«.

Sie finden für Ihre Branche mit Sicherheit ebenfalls einen passenden Begriff, und Ihr Strucki hält bestimmt auch einen sehr guten Text für Sie bereit. Im Zweifelsfall übernehmen Sie den Text Ihres Struckis, falls es zu gravierenden Unterschieden zwischen seinem und meinem Text kommen sollte. In diesem Fall nutzen Sie die anderen Anregungen, die Ihnen dieses Buch gibt.

Besteht beim Kunden Interesse?

»Für Herrn Müller war das Gespräch so interessant und hilfreich, daß er der Meinung war, Sie müßten diese Informationen auch haben. Und so hat er mich gebeten, Sie doch einmal anzurufen, damit Sie auch die Möglichkeit erhalten, sich umfassend zu informieren. Herr Kaufmann, dafür brauchen wir etwa eine Stunde Zeit: Wann paßt es Ihnen besser, Anfang oder eher gegen Ende der Woche?«

Das war ein ganz schön großes Stück auf einmal. Wichtig ist dabei, daß Sie immer wieder den Namen des Empfehlungsgebers ins Spiel bringen. (Sie erinnern sich, daß der Kunde mit Ihnen eigentlich gar nicht sprechen will, wohl aber mit seinem Freund.) So entsteht beim Kunden der Eindruck, er spreche indirekt mit seinem Freund. Verwenden Sie deshalb immer wieder die Redewendung: »Herr Müller meinte, daß Sie ...« Das Bild veranschaulicht, wie Sie mit dieser Redewendung den Kunden über seinen Bekannten indirekt ansprechen.

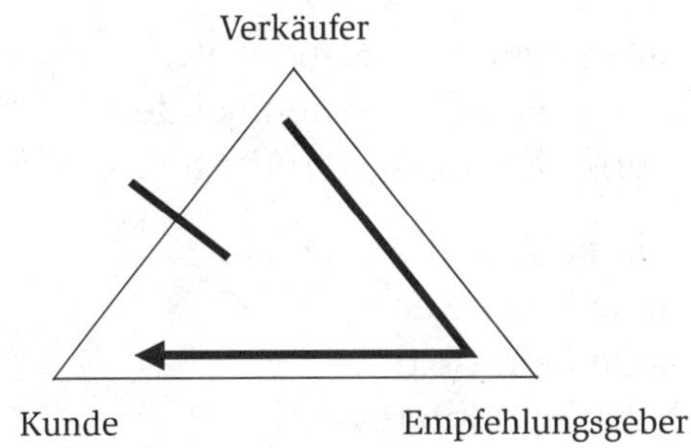

Weiterhin sprechen wir den Kunden immer wieder mit seinem Namen an, denn das Lieblingswort eines jeden Menschen ist sein eigener Name. Das Gespräch wird für den Kunden so viel persönlicher und klingt nicht allgemein. Als angehender Topvertriebsmann oder Topvertriebsfrau ist es Ihnen mit Sicherheit auch nicht entgangen, daß wir in diesem Abschnitt das Wort »ich« kein einziges Mal gebraucht haben, denn hier geht es schließlich nicht um unsere, sondern um die Interessen des Kunden. Sagen Sie deshalb niemals: »Ich finde, daß ...« oder »Ich bin der Meinung, daß ...« usw. Ihren Kunden interessiert nicht, welcher Meinung Sie sind. Aber die Meinung seines Bekannten kann ihn vielleicht interessieren. Verwenden Sie deshalb die bereits erwähnte Redewendung: »Herr Kaufmann, Herr Müller meinte ...«

Am Ende haben wir die sogenannte Alternativtechnik angewendet. Das heißt, wir geben dem Kunden zwei Alternativen vor, zwischen denen er sich entscheiden kann, denn während er überlegt, welcher dieser beiden Termine ihm besser paßt, kommt er nicht auf den Gedanken, ob er uns überhaupt einen Termin geben will.

Die Argumentation für widerspenstige Kunden

Da soll es allerdings Kunden geben, die an dieser Stelle nicht auf unsere Frage eingehen, sondern ihrerseits mit einer Frage kontern. Die häufigsten Fragen oder Argumente:

1. Worum geht es dabei genau?
2. Ich habe keine Zeit.
3. Ich habe kein Geld.
4. Ich habe kein Interesse.
5. Wollen Sie mir ein ... verkaufen?

Wenn Sie jetzt diese Argumente am Telefon hören, dann bekommen Sie bloß keine Angst! Nur das erste Argument ist ein wirkliches Argument, alle anderen Argumente sind nur Scheinargumente. Scheinargumente sind irgendwelche Vorwände, hinter denen sich der Kunde verstecken will. Die besten Kunden sind oft die, die behaupten: »Anhören kann ich es mir ja einmal, aber kaufen werde ich bestimmt nichts!« Diese Kunden behaupten nur deshalb, daß sie nichts kaufen, weil sie von vornherein Angst haben, etwas zu kaufen. Und genau das sind die Kunden, bei denen der Geldbeutel besonders locker sitzt. Sie behaupten nur deshalb, nichts zu kaufen, weil sie genau wissen, daß sie etwas kaufen werden. Wenn Sie also in Zukunft am Telefon ein Scheinargument hören, dann wissen Sie sofort, daß es sich um einen ganz besonders kauffreudigen Kunden handelt.

Und wenn ein Kunde einmal ein wirkliches Argument bringt, dann gehen wir ganz gezielt darauf ein. Das einzige wirkliche Argument ist das erste, denn es ist eine ganz natürliche Reaktion des Menschen, daß er mehr wissen will. Das ist für uns ein sehr gutes Zeichen, denn bei diesem Kunden haben wir unser Ziel erreicht: Wir haben ihn neugierig gemacht. Und jetzt dürfen wir alles tun, nur eines nicht: seine Neugierde befriedigen! Deshalb wiederholen wir hier einfach noch einmal seinen Vorteil: »Herr Kaufmann, es geht, wie gesagt, um das Thema … Dazu wollte ich Ihnen ein paar Aufzeichnungen machen und Unterlagen zeigen, und das kann ich am Telefon nicht. Deshalb meine Frage, wann paßt es Ihnen besser, Anfang oder eher Ende der Woche?« Dabei ist es ganz wichtig, nur kurz auf das Argument einzugehen und dann sofort wieder zu dem eigentlichen Thema, dem Termin, zurückzukehren. Das geht bei den Scheinargumenten genauso, Ihr Strucki wird es mit Ihnen entsprechend üben.

Natürlich ist es möglich, daß ein Kunde im Augenblick wirklich keine Zeit hat (Argument Nummer 2). Aber in diesem Fall wird er Ihnen klar antworten: »Es tut mir leid, aber ich bin diese Woche verhindert, können wir den Termin auch für nächste Woche vereinbaren?« Natürlich sagt der Kunde das nicht wörtlich, sondern nur sinngemäß. Ist es hingegen ein Scheinargument, dann brummt der Kunde nur ein »Ich habe keine Zeit« ins Telefon, in der Hoffnung, daß er jetzt in Ruhe gelassen werde. Wir haben jedoch schon festgestellt, daß wir genau diese Kunden aufsuchen sollen, weil diese die vielversprechendsten sind.

Machen Sie deshalb diesem Kunden beispielsweise klar, daß er durch Ihr Produkt oder Ihre Dienstleistung viel Zeit sparen kann und Sie ihm diese Zeitersparnis einmal darlegen möchten. Zum Beispiel so: »Ja, Herr Kaufmann, das ist das Problem unserer Zeit. Da geht es mir genauso wie Ihnen, denn Zeit ist Geld, und da muß man heutzutage schon genau überlegen, worin man seine Zeit investiert. Oder haben Sie etwa Geld zu verschenken? Und gerade bei einem so wichtigen Thema wie ... [ein Vorteil Ihres Produkts] sollte man sich eine Stunde Zeit nehmen, um alle Vorteile auf Herz und Nieren zu prüfen. Wann paßt es Ihnen denn generell besser, tagsüber oder lieber abends?« Und vergessen Sie dabei nicht, immer wieder auf den Termin zurückzukommen.

Wenn Ihr Kunde angeblich kein Geld hat (Argument Nummer 3), dann ist es wichtig, dem Kunden zu erklären, daß Sie ihm kein Geld wegnehmen, sondern im Gegenteil ihm durch Ihr Produkt einen finanziellen Vorteil verschaffen wollen. Sprechen Sie aber auf keinen Fall am Telefon über irgendwelche Preise. Wenn der Kunde da nachfragen sollte, dann hat er zumindest schon einmal Interesse bewiesen. In so einem Fall immer sofort auf den persönlichen Termin verweisen und erklären, daß Sie dem Kunden einige Unterlagen zeigen wollen, was Sie am Telefon nicht können. Heben Sie besonders hervor, daß es um das Geld des Kunden geht, für das er jeden Tag hart arbeiten muß. Deshalb sollte er sich zumindest darüber informieren, wie er mit Ihrem Produkt Geld einsparen kann.

Dann haben wir schließlich die Kunden, die gar kein Interesse zeigen (Argument Nummer 4). In diesem Fall verweisen Sie immer auf den Empfehlungsgeber: »Mal ganz ehrlich, Herr Kaufmann, glauben Sie, daß der Herr Müller Ihnen etwas Schlechtes empfiehlt?« – »Nein« – »Der Herr Müller wollte Ihnen nur auch einmal die Möglichkeit geben, etwas über ... [ein Vorteil Ihres Produkts] zu erfahren. Dafür brauchen wir, wie gesagt, etwa eine Stunde Zeit. In dieser Zeit können Sie sich Ihr eigenes Bild davon machen. Wann paßt es Ihnen denn generell besser ...?«

Wenn Sie nicht auf Empfehlungsbasis arbeiten, dann gibt es eine andere Möglichkeit: »Danke, daß Sie ehrlich sagen, was Sie denken, Herr Kaufmann. Stellen Sie sich aber einmal vor, nur so zum Spaß, es gäbe eine Möglichkeit ... [hier Ihren Vorteil einflechten]. Und Sie haben die Möglichkeit, das Ganze einmal unverbindlich und kostenlos zu Hause kennenzulernen, soviel Interesse müßte doch vorhanden sein, oder? Also wann paßt es denn generell besser ...?«

Lassen Sie sich vom Kunden hier am Telefon nicht abwimmeln! Da muß man hart und beharrlich werden, denn diese Argumente bekommt man andauernd zu hören. Aber Sie haben bestimmt ein Topprodukt, und wenn Sie erst einmal beim Kunden in der Wohnung sind, dann wird er Ihnen dankbar sein, daß er Ihr Produkt kennenlernen durfte. Fühlen Sie sich also am Telefon nicht wie ein Bettler, sondern treten Sie selbstbewußt auf. Sie wollen ja schließlich nichts vom Kunden, sondern Sie bringen ihm etwas, und zwar einen gewaltigen Vorteil.

Und schließlich haben wir dann noch die ganz schlauen Kunden, die gleich damit anrücken, daß wir Ihnen etwas verkaufen wollen (Argument Nummer 5). Da greifen wir wieder in unsere Trickkiste: »Herr Kaufmann, brauchen Sie ein ...?« Da kann der Kunde nur mit ja oder nein antworten. Sagt er ja, dann machen Sie den Termin gleich fix; wenn er nein sagt, dann antworten Sie: »Davon bin ich ausgegangen, also wann treffen wir uns, Anfang ... ?« Der Trick mit der Gegenfrage ist ganz schön hinterlistig, denn wir haben dem Kunden ja ehrlich geantwortet, daß wir davon ausgehen, daß er nichts braucht. Der Kunde kennt Ihr Produkt gar nicht. Er kann also nicht einmal ahnen, welche Vorteile auf ihn zukommen. Und es ist eine gesunde Skepsis in jedem Menschen, Fremdem gegenüber erst einmal vorsichtig zu sein.

Sie haben jetzt aber bestimmt schon gemerkt, daß Sie sich vor Argumenten des Kunden nicht zu fürchten brauchen, denn im Prinzip kann man bei jedem Kunden einen Termin bekommen. Natürlich ist das nicht die Praxis, denn wer Ihnen im Verkauf erzählt, daß er jeden Termin bekommt oder mit jedem Kunden abschließt, der lügt. Es ist zum Beispiel vorstellbar, daß der Kunde sich gerade mit seiner Frau stritt – und in diesem Moment rufen Sie an. Dann werden Sie kaum einen Termin bekommen. Aber da gibt es nur ein Wundermittel: anrufen, anrufen und nochmals anrufen. Je mehr Leute Sie anrufen, desto mehr Termine werden Sie auf Ihrem Wochenplan verzeichnen können. Und je mehr Kunden Sie besuchen, desto mehr Abschlüsse werden Sie machen.

Jetzt machen wir den Termin noch fest

Wenn Sie den Kunden letztendlich überzeugt haben, wie wichtig ein Gespräch mit Ihnen für ihn ist, dann gilt es nur noch, den Zeitpunkt richtig zu vereinbaren. Richtig, wie erwähnt gehen wir dabei nach der Alternativtechnik vor, also: »Wann paßt es Ihnen denn besser, Anfang oder Ende der Woche?« Antwortet der Kunde jetzt »Anfang der Woche«, dann fragen wir weiter: »Eher Montag oder lieber Dienstag?«

Und wenn der Kunde sich entschieden hat, machen wir dasselbe Spiel noch mit der Uhrzeit. Achten Sie bitte immer darauf, daß Ihr Text nicht klingt wie auswendig gelernt. Das ist einer der größten Fehler, die man im Vertrieb machen kann: wenn man etwas wie auswendig gelernt aufsagt. Bemühen Sie sich deshalb, daß alles so natürlich wie möglich klingt. Lesen Sie bitte Ihren Text nicht vom Blatt ab, sondern üben Sie ihn so lange, bis er wirklich sitzt.

Man kann hier auch ein bißchen manipulieren, denn der Kunde wählt meistens den zweiten Termin aus, wenn er noch beide frei hat. Das liegt daran, daß der zweite Termin beim Kunden noch frisch im Gedächtnis haftet, während der erste schon fast vergessen ist.

Wenn Sie jetzt mit dem Kunden einen Termin vereinbart haben, dann wiederholen Sie ihn für den Kunden noch einmal: »Gut, Herr Kaufmann, dann sehen wir uns am Dienstag um 18.00 Uhr. Stimmt die Adresse, die ich hier vom Herrn Müller bekommen habe, Herr Kaufmann?« Das ist jetzt ein kleiner Verkäufertrick. Sie vergleichen die Adresse mit dem Kunden und lassen sich dann den Weg erklären: »Herr Kaufmann, wie finde ich da am besten hin?« Das hat zwei Vorteile, denn wenn Sie den Weg wirklich nicht kennen, dann sollten Sie hier kräftig mitschreiben; zum anderen kann sich der Kunde den Termin besser einprägen.

Schließlich verabschieden wir uns vom Kunden, wiederum mit einer begeisterten Stimme: »In Ordnung, Herr Kaufmann, wir sehen uns dann am Dienstag um 18.00 Uhr. Auf Wiedersehen!« Und genau so, wie Sie sich jetzt vom Kunden verabschieden, so behält er Sie in Erinnerung, und genau so wird er Sie auch empfangen. Deshalb werfen Sie vor der Verabschiedung noch einen flüchtigen Blick in den Spiegel und auf den Hundertmarkschein, und verabschieden Sie sich dann mit einem strahlenden Lächeln.

Zusätzliche Tips

Zum Schluß schauen wir uns noch ein paar Tips an, die Sie je nach Bedarf einsetzen. Experimentieren Sie am Anfang bitte nicht zuviel. Wenn ein Gespräch einmal fehlschlägt, dann versuchen Sie es beim nächsten Kunden eben noch einmal. Im Vertrieb lacht das Glück demjenigen, der niemals aufgibt. Sie bekommen nicht jeden Termin, aber je mehr Leute Sie anrufen, desto mehr Termine haben Sie.

Stellen Sie sich einmal vor, Sie vereinbaren mit dem Kunden einen Termin. Sie besuchen ihn und führen dort das beste Verkaufsgespräch, das Sie jemals geführt haben. Und wie Sie kurz vor dem Abschluß stehen, sagt der Kunde zu Ihnen: »Prima, das gefällt mir ganz gut, jetzt muß ich nur noch meine Frau [meinen Chef, meinen Buchhalter etc.] fragen.«

Und in Ihnen bricht eine Welt zusammen, denn bei so was sagt die oder der andere in 95% aller Fälle nein. Und wenn es nur deshalb ist, weil er sich übergangen fühlt. Deshalb ist es ganz wichtig, bei der Terminvereinbarung die maßgebenden Personen zu berücksichtigen. Das sind, wie schon erwähnt, die Ehefrau oder eine leitende Person in der Firma, können aber auch die Eltern bei einem Jugendlichen sein, der gerade erst volljährig geworden ist. Und diese Informationen holen wir uns bereits vom Empfehlungsgeber, damit wir dies bei der Terminvereinbarung schon berücksichtigen können.

Manche Verkäufer stellen dem Kunden bei der Terminverinbarung eine kleine Falle. Wenn Sie zum Beispiel einen Termin für Donnerstag um 20.00 Uhr vereinbart haben, dann verabschieden Sie sich: »Gut, dann sehen wir uns am Donnerstag um 19.00 Uhr.« Damit wollen sie sicherstellen, daß sich der Kunde den Termin auch wirklich gemerkt hat. Dafür braucht man aber viel Feingefühl, denn wenn der Kunde tatsächlich in die Falle läuft, gehört eine große Portion Erfahrung dazu, den Kunden darauf hinzuweisen und den Termin doch noch zu bekommen.

Deshalb versuchen Sie es am Anfang lieber mit der markant-lustigen Art: »Dann bis Donnerstag, 20.00 Uhr. Machen Sie sich einen Knoten ins Telefon, damit Sie immer daran denken.« So etwas merkt sich der Kunde, und immer wenn er am Telefon vorbeigeht, stellt er sich den Knoten darin vor – und denkt somit an den Termin.

Natürlich kann es passieren, daß ein Kunde einmal einen Termin vergißt oder daß ihm etwas dazwischenkommt. Deshalb hat es sich bewährt, Termine doppelt zu legen, also für eine Uhrzeit zwei Termine zu vereinbaren. Da ruft man dann beim ersten Kunden an und sagt ihm, daß man fünf Minuten später kommt. Da merken Sie sofort, ob der Kunde Sie erwartet oder ganz überrascht auf Ihren Anruf reagiert. Vielleicht ist er auch überhaupt nicht zu Hause. Wenn die erste Verabredung stattfindet, hat man noch genug Zeit, die zweite zu verlegen. Und wenn die erste Verabredung ausfällt, dann kann man gleich die zweite führen. So ist gewährleistet, daß man keinen Leerraum in seinem Terminkalender hat.

Genauso dicht sollte man die Termine legen. Wenn zum Beispiel ein Kundengespräch zwei Stunden dauert, dann sollten Sie stündliche Termine fixieren. Wenn dann der erste Kunde nicht so richtig will, dann gehen Sie eben zum zweiten. Wenn dagegen der erste Kunde abschließen will, sagen Sie den zweiten ab und nehmen sich für den ersten viel Zeit. Das Gefühl dafür werden sie sehr schnell entwickeln.

Sie können dabei ruhig etwas flexibel sein. Wenn Sie zum Beispiel für Samstag nachmittag einen Termin vereinbart haben, können Sie zum Kunden sagen: »In Ordnung, Herr Kaufmann. Wir sehen uns dann am Samstag um

15.00 Uhr. Kochen Sie schon ruhig einen Kaffee, ich bringe den Kuchen dazu mit, einverstanden?« Durch diesen menschlichen Zug zeigen Sie dem Kunden, daß er Ihnen vertrauen kann. Vergessen Sie aber nicht, den Kuchen zu besorgen.

Sie merken, daß die Terminvereinbarung nicht nur ein stupides Telefonieren ist. Man kann sie, mit nur etwas Fantasie, sehr abwechslungsreich gestalten und viel Spaß dabei haben. Genießen Sie also Ihre Terminvereinbarung!

Die Zusammenfassung

1. Die Terminvereinbarung hat nur ein Ziel: einen Termin zu vereinbaren. Geben Sie deshalb am Telefon keine fachlichen Informationen.

2. Lächeln Sie! Nehmen Sie notfalls einen Spiegel zu Hilfe. Dadurch klingt Ihre Stimme automatisch begeistert.

3. Üben, üben und noch mehr Termine vereinbaren, bis es Ihnen richtig Spaß macht und es Ihr Lieblingssport wird.

4. Fassen Sie sich kurz!

5. Fragen, fragen und nochmals fragen.

6. Wenden Sie die Alternativtechnik an.

Es gibt keinen Grund, keinen Termin zu bekommen!

2. Kapitel

Auf in den Kampf

Nachdem wir jetzt einen Termin mit unserem Kunden vereinbart haben, gehen wir nun zu unserer eigentlichen Tätigkeit über: dem Verkauf.

Damit wird das Geld verdient. Lassen Sie sich von niemandem irgend etwas anderes erzählen; das meiste Geld wird im Verkauf verdient. Und das zu Recht! Denn stellen Sie sich vor: Sie sind ein Unternehmer und stellen Topprodukte her, die auf dem Markt einmalig sind, sich aber nicht absetzen lassen. Auf diese Weise können Sie Ihre Firma schließen. Deshalb steht und fällt eine Firma mit Ihrem Absatz, also mit Ihren Verkäufern. Gerade deshalb sind die Verkäufer im allgemeinen die Spitzenverdiener einer Firma. Und Sie werden keinen Schreibtischangestellten finden, der auch nur annähernd so viel verdient wie ein guter Verkäufer.

Mit Verkäufer meine ich aber nicht den netten Herrn, der beim Bäcker hinter der Theke steht. Wenn da nämlich eine Kundin kommt, die zwei Brötchen wünscht, und der Herr ihr diese dann »verkauft«, dann hat das nichts mit dem zu tun, was wir unter Verkauf verstehen. Was dieser Herr macht, ist nur ein Warenumschichten. Er nimmt die Ware Brötchen aus dem Regal und legt diese auf die Theke. Im Gegenzug legt er die Ware Geld von der Theke in die Kasse. Das hat mit Verkauf in unserem Sinne nichts zu tun. Verkaufen wäre es dann, wenn die Kundin, die nur zwei Brötchen wollte, hinterher mit zwei Torten, einigen Kuchen und einer ganzen Tüte voller Brötchen wieder aus der Bäckerei ginge.

Aber Spaß beiseite. Wir wollen dem Kunden etwas verkaufen, von dem wir nicht wissen, ob es ihn überhaupt interessiert. Deshalb müssen wir uns vorsichtig an den Kunden herantasten, um festzustellen, was ihn an unserem Produkt überhaupt interessieren könnte. Und wenn wir das herausgefunden haben, dann konzentrieren wir uns nur noch darauf.

Die meisten Verkäufer begehen den Fehler, daß Sie sich mit Ihrem Fachwissen profilieren wollen. Dabei redet man beim Kunden viel zu viel Unwichtiges. Die Folge davon ist, daß der Kunde so verwirrt wird, daß er nichts mehr abschließen oder kaufen will. Das ist auch verständlich. Denn wenn Sie ihm Informationen über Informationen geben, dann wird ihm das mit der Zeit zuviel, und er verliert den Überblick. Dann entsteht bei ihm ein Minderwertigkeitsgefühl, und er glaubt, nichts zu verstehen. Vergessen Sie bitte nicht, daß Sie eine Ausbildung erhalten haben, die sich teilweise über Wochen erstreckte. Und dieses gesamte Wissen wollen Sie in einer Stunde in den Kunden hineinpressen? Das geht einfach nicht.

Genauso bekommt der Kunde Angst, daß er Ihr Produkt nicht handhaben kann, wenn Sie ihn mit irgendwelchen uninteressanten technischen oder buchhalterischen Daten bombardieren. Auch das hindert ihn wiederum daran, unser Produkt oder unsere Dienstleistung zu erwerben. In diesem Fall wird ein anderer Verkäufer dem Kunden mit Leichtigkeit ein viel schlechteres Produkt verkaufen können, wenn er ihn nur von dessen einfacher Handhabung überzeugen kann.

Somit haben wir hiermit den ersten Leitsatz für den Verkauf erarbeitet:

Bring den Kunden durch dummes Geschwätz nicht auf Dinge, auf die er nicht von selbst kommt!

Wenn Sie nur diesen einen Leitsatz wirklich gezielt im Verkauf einsetzen, dann sind wir hier schon einen Riesenschritt weiter. Als Verkäufer können Sie niemals zuviel wissen, aber Sie können jederzeit zuviel reden. Und jetzt stellen Sie sich vor, Sie »fönen dem Kunden die ganze Zeit ums Ohr herum« (Insiderausdruck für das pausenlose Auf-jemanden-Einreden): Wie wollen Sie dann feststellen, was den Kunden an Ihrem Projekt oder Ihrer Dienstleistung überhaupt interessiert? Denken Sie daran: Der Kunde will nur etwas kaufen, was ihn auch interessiert oder von dem er sich einen Vorteil verspricht. Je mehr Sie aber ihrem Kunden erzählen, desto mehr Punkte kann er finden, die ihm vielleicht doch nicht gefallen.

Versetzen Sie sich einfach einmal in die Lage des Kunden. Stellen Sie sich immer die Frage: »Wie würde ich reagieren, wenn mir das gesagt würde?« Denken Sie daran, daß der Kunde andere Vorstellungen und Erwartungen von dem Gespräch hat als Sie. Wenn Sie sich nun in seine Situation versetzen, dann können Sie ganz anders argumentieren als wenn Sie nur vom Verkäuferstandpunkt ausgehen.

Deshalb gilt hier: Fragen, fragen und nochmals fragen. Je mehr Fragen Sie dem Kunden stellen, desto mehr wichtige Informationen erhalten Sie. Nur durch Fragen erfahren Sie, was den Kunden interessiert, um dann gezielt auf dessen Interessen eingehen zu können.

Nun haben wir dieses Thema wirklich ausreichend behandelt, aber es ist tatsächlich das Wichtigste im Verkauf, auch mal den Mund halten zu können, damit der Gesprächspartner sagen kann, was *ihn* interessiert. Wir konzentrieren uns dann nur noch auf diese Punkte und lassen alles andere weg.

Zerlegen wir das Verkaufsgespräch nun auch in verschiedene Abschnitte.

Die Vorbereitung

Dies ist der Punkt, der wegen seiner Einfachheit so gut wie immer vernachlässigt wird und somit den Erfolg von vornherein erschwert. Nirgendwo sonst als im Verkauf gilt es, auf so viele Kleinigkeiten zu achten. Darum sollte man sich am Anfang ganz bewußt darauf konzentrieren.

a) Die Kleidung

Das ist wohl der heikelste Punkt bei der ganzen Geschichte. Eines ist jedoch von vornherein klar: Sie sind eine Verkäuferin, ein Verkäufer und kein Fotomodell. Darum sollten Sie sich immer gut, jedoch nicht auffällig anziehen. Frauen haben dabei einen größeren Spielraum als Männer, bei denen nur eines in Frage kommt: der Anzug. Egal, was Sie verkaufen, vom Berufsbild des Verkäufers gibt es eine bestimmte Vorstellung, und dieser sollten wir nach Möglichkeit entsprechen.

Dazu ein kleiner Vergleich. Stellen Sie sich vor, Ihr Kind wird von einem Auto angefahren und schwer verletzt. Ganz aufgeregt fahren Sie Ihr Kind sofort ins Krankenhaus. Dort kommt Ihnen ein Arzt entgegen, dessen Kittel blutverschmiert ist, dessen Haare wild vom Kopf abstehen und der völlig übermüdet wirkt. Mal ganz ehrlich, würden Sie diesem Arzt Ihr Kind anvertrauen? Mit Sicherheit nicht, stimmt's? Aber gerade dieser Arzt ist einer der besten der ganzen Welt, und er hat gerade mit einer schweren Operation einem Menschen das Leben gerettet. – Wahrscheinlich denken Sie jetzt anders von diesem Arzt. Nur unsere Vorstellung von einem Arzt ist fest mit dem sauberen, weißen Kittel verbunden.

Und wenn die Realität auch nur ein bißchen von unserer Vorstellung abweicht, dann werden wir skeptisch.

Und unserem Kunden geht es genauso, wenn wir bei ihm womöglich in alten, zerrissenen Jeans und einem wild bedruckten T-Shirt aufkreuzen. Ich habe jetzt natürlich stark übertrieben, aber ich habe schon Dinge erlebt ...

Deshalb merken wir uns, daß wir zum Kunden nur im Anzug gehen. Natürlich gibt es, wie bei jeder Regel, auch hier zwei Ausnahmen. Wenn der Privatkunde (!) bei uns schon etwas gekauft hat und wir ihn beispielsweise beim Kundendienst noch einmal besuchen, dann können wir uns unter Umständen etwas lockerer kleiden. Jedoch nur dann, wenn wir uns mit dem Kunden im Verkaufsgespräch wirklich gut verstanden haben und er ungefähr unser Alter hat. Die zweite Ausnahme sind die Bekannten. Wenn ein Bekannter Sie nur in Jeans und T-Shirt kennt, dann können Sie nicht plötzlich im Anzug bei ihm auftauchen. Denn abgesehen von den spöttischen Fragen, ob Sie gerade konfirmiert wurden oder geheiratet haben, erscheinen Sie ihm unglaubwürdig, vielleicht sogar lächerlich.

Denken Sie in diesem Zusammenhang an unsere Geschichte mit dem Arzt und an die Vorstellung, die Ihr Bekannter von Ihnen hat. Deshalb dürfen wir uns hier etwas lockerer kleiden. Legen Sie allenfalls lieber während des Verkaufsgesprächs die Krawatte und das Jackett ab, wenn Sie merken, daß Ihre Kleidung bei diesem Kunden nicht ankommt.

Wir wollen uns jedoch mit der normalen Kleiderordnung befassen. Der Anzug, den Sie tragen, sollte dunkel sein, jedoch nicht zu festlich wirken. Lassen Sie sich hier ruhig etwas von der Mode leiten. Dazu ziehen Sie ein weißes Hemd an. Ist Ihr Anzug gestreift, dann darf das Hemd keine Streifen enthalten. Wenn Ihr Anzug ganz schlicht ist, dann dürfen Sie ruhig ein gestreiftes Hemd dazu anziehen. Es sollte allerdings ein weißes Hemd sein, das farbige Streifen hat. Bei der Wahl der Krawatte gelten dieselben Regeln. Lassen Sie sich hier vom Verkäufer eines guten Kleidergeschäfts beraten. Ziehen Sie aber bitte keine weißen Strümpfe oder gar Tennissokken dazu an. Zum Anzug gehören nun einmal schwarze (Leder-)Schuhe und schwarze Strümpfe. Tragen Sie keine Schuhe mit dicken Gummisohlen, denn die passen überhaupt nicht zu einem Anzug. Und wenn es kalt ist, dann ziehen Sie bitte einen Mantel an, und tragen Sie keinen Pullover unter dem Anzug. Ebenso gehören zu einem Anzug keine Hosenträger, sondern ein Ledergürtel. Es ist immer wieder erstaunlich, wie sich manche Verkäufer »zusammenstellen«.

b) Das restliche Outfit

Zu guter Kleidung gehört selbstverständlich ein gepflegter Haarschnitt. Auch die Fingernägel sind peinlich genau gereinigt. Sie werden sich jetzt vielleicht denken, das sind doch alles Selbstverständlichkeiten. Natürlich sind sie das, das weiß ich auch. Aber gerade auf diese Kleinigkeiten müssen wir im Vertrieb, wie schon besprochen, besonders achten. Deshalb gehen wir sie hier ganz gezielt durch. Als nächstes widmen wir uns der Duftfahne, die wir hinter uns herziehen. Wenn jemand den ganzen Tag körperlich schwer arbeiten muß und abends nebenberuflich Verkaufsgespräche führt, dann muß er sich besonders pflegen. Denn Ihnen ist es bestimmt auch nicht angenehm, Leute mit besonders starkem Körpergeruch um sich zu haben. Auf der anderen Seite ist jemand, der eine Parfümfahne hinter sich herzieht, ebenso abstoßend. Schließlich ist hier noch der Atem zu nennen. Mundgeruch ist im Verkauf auch alles andere als hilfreich.

Als letztes betrachten wir unsere Unterlagen. Sie müssen sauber und vor allen Dingen geordnet sein. Nehmen Sie bitte auch nicht zuviel mit, denn wenn der Kunde eine dicke, vollgestopfte Mappe sieht, dann bekommt er es mit der Angst zu tun, was Sie ihm wohl alles verkaufen wollen. Und wenn Sie beim Kunden ewig in den Unterlagen blättern müssen, weil Sie ihm noch unbedingt eine Statistik zeigen wollen, so macht das auch keinen guten Eindruck. Deshalb müssen Ihre Unterlagen gut geordnet sein.

Die richtige Begrüßung

Denken Sie vor jedem Verkaufsgespräch daran, was es Ihnen bringen kann, und freuen Sie sich dann auf das Gespräch. Vergessen Sie nicht, daß Sie auf jeden Fall immer mehr wissen als Ihr Kunde. Deshalb brauchen Sie keine Angst vor dem Gespräch zu haben, denn das Allerschlimmste, was Ihnen passieren kann, ist, daß der Kunde nicht abschließen will. Ein bißchen Lampenfieber wird man vor jedem Verkaufsgespräch haben, aber Angst brauchen Sie wirklich nicht zu haben. Und das Lampenfieber legt sich spätestens dann, wenn wir mit dem Verkaufsgespräch begonnen haben. Denken Sie sich auf dem Weg zum Kunden einfach, daß das nun folgende Verkaufsgespräch das beste wird, das Sie je geführt haben.

An der Tür des Kunden klingeln wir dann einmal fest und entschlossen. Gleichzeitig setzen wir ein freundliches und natürliches Lächeln auf, damit der Kunde, falls er durch den Türspion schaut, in ein freundliches Gesicht blickt. Wir stehen dabei etwa eineinhalb bis zwei Meter von der Türe entfernt, so daß der Kunde uns gut sehen kann. Wenn er dann die Tür öffnet und uns begrüßt, so begrüßen wir ihn auch mit Namen, stellen uns selbst vor und blicken ihm dabei in die Augen. Das ist ganz wichtig, denn dieses ist die erste Machtprobe zwischen Ihnen und dem Kunden. Wer in dieser Situation zuerst wegschaut, der hat schon hier verloren! Wenn der Kunde uns die Hand anbietet, so erwidern wir seinen Händedruck kurz und fest. Drücken Sie hier dem Kunden keinen »kalten Fisch« in die Hand, denn ein fester Händedruck erweckt von vornherein Vertrauen. Außerdem betreten wir die Wohnung erst, wenn uns der Kunde dazu auffordert.

Hier können schon kleine Hindernisse auftreten. Wenn der Kunde beispielsweise über die Gegensprechanlage fragt: »Wer ist da?«, dann veranlassen Sie den Kunden, aktiv etwas zu tun. Antworten Sie: »Mein Name ist Muster, Karl Muster, drücken Sie bitte den Türöffner.« Durch Ihre doppelte Namensnennung erinnert sich der Kunde wieder an Sie, und gleichzeitig haben Sie ihm eine Aufgabe gegeben, da der Mensch geneigt ist, direkte Anweisungen sofort auszuführen.

Nun kann es passieren, daß der Kunde Ihnen einen Termin gegeben hat, diesen aber aus irgendwelchen Gründen doch nicht einhalten will. Daran erkennen Sie schon, daß dieser Mensch keine Entscheidung treffen kann und Sie ihm später die Entscheidung über den Abschluß abnehmen müssen. Das klassische Argument hier ist: »Sie wollen mir doch nur etwas verkaufen.« Darauf antworten Sie: »Herr Kaufmann, es ging doch darum, daß Sie sich einige Unterlagen über ... [einen Vorteil Ihres Produkts] einmal ganz unverbindlich und kostenlos anschauen wollten. Ob Sie dann etwas kaufen wollen oder müssen, das entscheiden ganz allein Sie. Darf ich Ihnen die Unterlagen zeigen?«

Es ist ein ganz typisches Argument, um jemanden abzuwimmeln. Genauso wie das typische »Ich brauche nichts«. Meist schickt man dazu auch jemanden an die Tür, weil man selbst nicht den Mut dazu hat. Reagieren Sie deshalb wie beschrieben, indem Sie darauf verweisen, daß Sie dem Kunden wichtige Unterlagen zeigen wollen. Ob er dann etwas kaufen will, entscheidet er ganz allein am Ende des Gespräches. (Beachten Sie dabei, daß Sie den Kunden fragen, ob er etwas kaufen will, und nicht, ob Sie ihm etwas verkaufen können. Denn die Leute kaufen gerne, lassen sich aber nur ungern etwas verkaufen.)

Diskutieren Sie deshalb auf keinen Fall, sondern verweisen Sie immer auf Ihre Unterlagen. Ihr Ziel ist lediglich, die Wohnung des Kunden betreten zu dürfen. Treten Sie deshalb mit freundlicher Härte auf, und Sie werden es schaffen. Denken Sie daran, daß das nicht die Regel ist, und wenn es doch auftritt, dann ist es ein Mensch, der sich Entscheidungen gern abnehmen läßt. Deshalb wird er auch hier nachgeben und Sie hineinlassen.

Das Stellungsspiel innerhalb der Wohnung

Nun gilt es, innerhalb der Wohnung eine für uns günstige Position zu besetzen. Führen Sie ein Verkaufsgespräch niemals in einer tiefen Wohnzimmercouch, sondern an einem übersichtlichen Platz wie z. B. einer Eßgarnitur. Denn wenn Ihr Kunde in einer Couch weit weg von Ihnen »versinkt«, dann können Sie niemals eine vernünftige Verhandlungsbasis zu diesem Kunden aufbauen. Und wenn wir schon vom Sitzen sprechen, dann wollen wir nicht unerwähnt lassen, daß man sich niemals gegenüber vom Kunden setzen soll. Das ist eine klassische Kampfposition, das »Auge um Auge«, und unsere Unterlagen stehen für den Kunden auf dem Kopf. Deshalb eignet sich für uns die »Über-Eck-Position« am besten, denn da kann der Kunde unsere Unterlagen bestens sehen – und wir können den Kunden bestens im Auge behalten.

Weiterhin ist zu beachten, daß der Kunde links von Ihnen sitzen soll; allerdings nur, wenn Sie Rechtshänder sind. Beim Linkshänder ist es genau andersherum. Ganz schön verwirrend, oder? Die Erklärung ist dafür um so klarer: Gehen wir davon aus, daß Sie ein Rechtshänder sind. Würde der Kunde rechts von Ihnen sitzen, dann würden Sie beim Schreiben Ihre Unterlagen verdecken, und der Kunde hätte somit eine schlechte Sicht. Sitzt der Kunde dagegen links von Ihnen, kann er gleich mitverfolgen, was Sie schreiben. Wenn Ihnen der Kunde den falschen Platz anbietet, dann fragen Sie ruhig: »Herr Kaufmann, könnte ich mich bitte dahin setzen? Dann können Sie meine Unterlagen besser einsehen.« Kein Kunde ist Ihnen deswegen böse. Versuchen Sie aber, den Kunden an seinem Stammplatz zu plazieren. Das ist normalerweise der Fernsehsessel.

Außerdem sollte man während des Verkaufsgespräches keine Tür im Rücken haben. Nein, diese Weisheit habe ich nicht von einem Revolverhelden aus dem Western. Der Grund liegt auf der Hand. Wenn irgend jemand in der Tür auftaucht, dann wird der Gesprächspartner abgelenkt, ohne daß Sie das merken. Sie können auch nicht sehen, ob Ihrem Gesprächspartner irgendwelche Zeichen gegeben werden. Deshalb soll die Türe in Ihrem Blickfeld sein, denn wenn da jemand auftaucht, dann können Sie ihn oder sie sofort mit an den Tisch bitten und für sich gewinnen.

Die Aufwärmphase

Von jetzt an wird es ernst. Der Kunde sitzt erwartungsvoll links von uns, wir sind ganz nervös, und es geht endlich los. Dafür müssen wir als erstes die richtige Atmosphäre schaffen, sprich das Vertrauen des Kunden gewinnen. Deshalb sollte der Kunde uns als kompetenten Partner akzeptieren, und wir sollten ihm sympathisch sein. Denn der Kaufentscheid wird von gegenseitigem Vertrauen wesentlich mehr beeinflußt als von unserem Fachwissen. Hier machen viele den Fehler zu glauben, daß man mit einem perfekten Fachwissen automatisch auch erfolgreich wird. Dabei übersehen sie aber, daß ihnen ein Mensch gegenübersitzt, der Gefühle hat. Aber wie kann man Vertrauen gewinnen? Dazu schauen wir uns zunächst wieder ein Beispiel aus dem Leben an.

Stellen Sie sich vor, da treffen sich drei Freunde nach dem Urlaub und erzählen sich ihre Erlebnisse. Der erste beginnt: »Ich war in Italien, da war es toll.« Weiter kommt er gar nicht, denn der zweite unterbricht ihn sofort: »Das ist gar nichts, ich war in Ibiza, da ging die Post erst ab!« Und schon schaltet sich der dritte ein: »Vergeßt das alles, ich war in Miami, und dagegen ist alles andere ein alter Hut.« Und so geht es weiter: Jeder versucht den anderen zu überbieten, um zu demonstrieren, wie toll sein Urlaub war.

Sie meinen, ich hätte hier übertrieben? Dann gehen Sie mal nach dem Sommerurlaub in ein Café, da geht es noch toller zu. Und davon wollen wir wieder vieles lernen, wie wir beim Kunden weiterkommen. Dafür stellen wir unsere nächste Regel auf:

Lassen Sie den Kunden immer ausreden, und hören Sie ihm interessiert zu.

Denn wenn Sie jetzt bei Ihrem Kunden sitzen, ihn ständig unterbrechen und außerdem auch noch alles besser wissen als er – wie wird sich dann der Kunde fühlen? Auf jeden Fall wird er Sie in die Kategorie »unsympathisch« einstufen. Dazu kommen wir aber später. Deshalb machen wir es anders als im normalen Leben, denn wer Erfolg haben will, muß andere Wege gehen.

Wenn wir in der Aufwärmphase sind, dann müssen wir den Kunden aufwerten. Das heißt für uns, die Augen weit offenzuhalten, wenn wir die Wohnung des Kunden betreten. Jeder hat irgend etwas in der Wohnung stehen, das darauf schließen läßt, was ihn interessiert. Und darauf sprechen wir den Kunden an.

Egal, ob das eine Urkunde, ein Pokal oder ein Aquarium ist, wir stellen dem Kunden Fragen darüber. Und dann kommt das Wichtigste: Wir hören ihm interessiert zu und lassen ihn erzählen. Denn wer erzählt nicht gerne von den Dingen, die ihn selbst interessieren? Wenn Sie sich mit den Interessen des Kunden beschäftigen, dann macht das Gespräch dem Kunden Spaß, und er wird sich wohl fühlen. Nehmen Sie deshalb wirklich Anteil an den Erlebnissen oder Erfolgen des Kunden.

Wenn Sie ihm hier etwas vorspielen oder insgeheim daran denken, daß Sie endlich Feierabend haben wollen, dann spürt der Kunde das, und Sie werden keinen Erfolg haben! Deshalb geben Sie dem Kunden die Gelegenheit, sich einmal richtig auszusprechen. Hören Sie ihm einfach zu, schauen Sie ihm interessiert in die Augen, und bestätigen Sie ihn gelegentlich. Fangen Sie aber auf keinen Fall mit dem Kunden eine Diskussion an. Denn vielleicht wissen Sie es:

Jede gewonnene Diskussion beim Kunden ist ein verlorener Abschluß!

Wenn Sie aus irgendwelchen Gründen mit dem Kunden nicht einer Meinung sind, dann behalten Sie Ihre Meinung für sich. Lügen Sie ihn bitte nicht an, indem Sie Ihre Meinung der seinen anpassen. Das merkt der Kunde. Versuchen Sie einfach, durch eine Frage das Thema zu wechseln. Aber diskutieren, also streiten Sie mit dem Kunden auf keinen Fall, denn da gibt es nur einen Sieger: den Kunden.

Das ist auch leicht zu erklären. Wenn Sie in der Diskussion gewinnen, dann hat das Selbstwertgefühl des Kunden gelitten, und er wird aus Protest keine Geschäfte mit Ihnen abschließen. Lassen Sie ihn dagegen gewinnen, dann nimmt er Sie im folgenden Verkaufsgespräch nicht ernst und wird immer wieder versuchen, Sie zu belehren oder auf seine außergewöhnliche und durch Sie nicht lösbare Situation hinzuweisen. Darum gehen wir einer solchen Situation von vornherein aus dem Weg. Wenn Sie merken, daß sich eine brisante Diskussion entwickelt, dann wechseln Sie ganz elegant zu einem anderen Thema. Am besten stellen Sie eine Frage zu etwas eher Belanglosem.

Die Aufwärmphase kann beim Kunden gar nicht lange genug dauern. Je länger die Aufwärmphase dauert, desto eher kommen Sie mit dem Kunden auf eine Wellenlänge, und desto mehr erfahren Sie über Ihren Kunden. Fangen Sie mit Ihrem Verkaufsgespräch nicht an, bevor der Kunde Sie darauf anspricht, etwa so: »Nun, was wollten Sie mir eigentlich zeigen?« Dann erst starten Sie: »Herr Kaufmann, wir haben uns heute zusammengesetzt, um uns über das Thema ...« usw. Ihr Strucki hat hier bestimmt den richtigen Einführungssatz für Sie parat. Lernen Sie die ersten drei Sätze Ihres Verkaufsgespräches auswendig, dann kann selbst bei der größten Nervosität nichts mehr schiefgehen.

Das eigentliche Verkaufsgespräch

Das ist jetzt das Wichtigste in Ihrer jungen Karriere. Endlich ist es soweit. Von jetzt an tun Sie einfach nur das, was Sie mit Ihrem Strucki eifrig geübt haben. Ich kann mich hier nur wiederholen, aber halten Sie sich genauestens an das, was Ihnen Ihr Strucki gesagt hat. Die ganzen Mühen und Strapazen beim Training werden sich jetzt auszahlen. Da die Verkaufsgespräche von Produkt zu Produkt sehr unterschiedlich sind, werden wir uns hier nur allgemeine Informationen anschauen. Ihr eigentliches Verkaufsgespräch lernen Sie von Ihrem Strucki.

Vom Verkäufer besteht allgemein das Bild, daß er den Leuten irgend etwas andrehen muß, egal wie. Wenn Sie auch so denken, dann sind Sie im Strukturvertrieb absolut falsch. Denken wir doch einmal ganz anders. Versetzen Sie sich dazu einmal in die Situation des Kunden. Was könnte Ihr Kunde denn gebrauchen? Wie können Sie Ihrem Kunden helfen? Betrachten Sie den Verkauf einmal aus dieser Perspektive.

Denken Sie immer daran, daß Sie dem Kunden nichts andrehen sollen, sondern ihm mit Ihrem Produkt einen wirklichen Vorteil verschaffen können. *Das* ist Ihre Aufgabe als Verkäufer und nichts anderes. Sie helfen Ihren Kunden. Wenn wir hier einige verkäuferische und psychologische Tricks behandeln, dann dienen diese nicht dazu, dem Kunden etwas besonders listig anzudrehen, sondern nur dazu, das Gespräch reibungsloser zu gestalten.

Wenn Sie die Aufwärmphase hinter sich und eine Einleitung zu Ihrem Produkt gemacht haben, dann verbauen Sie dem Kunden den Fluchtweg. Wenn sich der Kunde später entscheiden muß, ob er will oder nicht, dann erleben Sie ein tolles Phänomen. Auf einmal schaltet der Kunde noch jemanden ein: »Da muß ich erst einmal meine(n) ... fragen.« Und da haben Sie keine Chance, etwas dagegen zu tun.

Verhindern Sie eine solche Reaktion von vornherein, indem Sie den Kunden fragen: »Herr Kaufmann, wenn Sie das Produkt wirklich hundertprozentig überzeugt, können wir dann das Geschäft heute machen, oder müssen Sie vielleicht jemanden fragen, ob Sie dürfen?« Der Kunde wird Ihnen da antworten, daß er selbstverständlich das Geschäft machen kann, ohne jemanden zu fragen. Und schon haben Sie ihm die Chance genommen, auf jemand anderen zu verweisen. Ab hier bauen Sie dann konsequent Ihre Ja-Schiene auf (wird unter dem Punkt Umgangston erläutert).

a) Die Reaktionen des Kunden

Wenn Sie jetzt Ihr Verkaufsgespräch führen, dann behalten Sie Ihren Kunden gut im Auge. Alles, was Sie sagen, wird beim Kunden irgendeine Reaktion auslösen. Es gibt nur drei Arten von Reaktionen: die positive, die negative und die gleichgültige Reaktion.

Die positive Reaktion ist natürlich für uns die beste. Man erkennt sie daran, daß der Kunde sich leicht nach vorne beugt, die Unterlagen studiert oder leicht mit dem Kopf nickt. Wenn Sie das beim Kunden beobachten, dann wissen Sie, daß Sie auf dem richtigen Weg sind. Verschließt der Kunde dagegen die Arme oder lehnt er sich im Stuhl zurück, dann ist ihm Ihr Vortrag gleichgültig, oder er gefällt ihm überhaupt nicht. In so einem Fall stehen alle Ampeln auf Dunkelrot.

Wir unterbrechen das Verkaufsgespräch, denn ab sofort nimmt der Kunde nichts mehr wahr von dem, was wir sagen. Ein typischer Fehler ist, hier mit dem Gespräch weiterzufahren in der Hoffnung, daß die folgenden Argumente den Kunden schon noch überzeugen werden.

Dabei hat der Kunde oft nur eine Frage zu dem eben Gesagten, die ihm überaus wichtig erscheint. Wenn Sie jetzt aber weiterreden, dann drehen sich die Gedanken des Kunden nur um seine Frage, und er registriert nichts anderes mehr. Deshalb unterbrechen wir das Gespräch und fragen den Kunden ganz einfach: »Herr Kaufmann, haben Sie vielleicht eine Frage hierzu?« Jetzt muß der Kunde reagieren.

Haben wir nicht den gewünschten Erfolg, müssen wir wieder in die Trickkiste greifen. Wir deuten auf unsere Unterlagen und sagen: »Herr Kaufmann, würden Sie bitte mal kurz mit herschauen?« Dabei muß der Kunde sich zumindest vorbeugen, und wir haben ihn wieder am Tisch. Gegebenenfalls ziehen Sie Ihre Unterlagen leicht zu sich, so daß der Kunde sich vorbeugen *muß*, um überhaupt etwas zu sehen. Das ist psychologisch ganz wichtig, denn Körpersprache und Gedanken eines Menschen bilden immer eine Einheit. Und wenn ein Mensch mit verschränkten Armen nach hinten gelehnt ist, so ist dies eine negative Haltung. Und ein negativ gestimmter Kunde macht mit Ihnen keine Geschäfte.

Nun gilt es aber immer noch, den Kunden für uns zu gewinnen. Machen Sie auf keinen Fall weiter, solange der Kunde nicht positiv gestimmt ist. Wenn er auf Ihre Frage nicht wie gewünscht reagiert, dann wiederholen Sie den letzten Punkt noch einmal, entweder aus anderer Sicht oder mit anderen Worten. Versuchen Sie jetzt noch einmal den Kunden mit einer Frage aus der Reserve zu locken. Gelingt es immer noch nicht, dann lenken Sie vollständig ab. Versuchen Sie das Thema in den privaten Bereich zu verlegen. So ähnlich wie in der Warming-up-Phase versuchen wir ihn über seine Interessengebiete für uns zu gewinnen. Vielleicht führt uns das dann zu dem erhofften Ergebnis.

Schlägt auch das fehl, dann vergessen Sie den Kunden. Er will Ihnen seine Fragen oder Bedenken nicht mitteilen, das heißt, er hat kein Vertrauen zu Ihnen. Wenn Sie das Gespräch jetzt abbrechen und nach Hause gehen, dann haben Sie Zeit und Nerven gespart. Am Anfang ist das natürlich schwer, denn dafür muß man schon etwas Erfahrung haben. Wir starten aber noch einen letzten Versuch, den Kunden vielleicht doch noch rumzukriegen: »Sagen Sie mal, Herr Kaufmann, interessiert Sie eigentlich das, was ich sage?« – So, jetzt wissen wir es. Entweder er sagt »nein«, dann brechen wir endgültig ab, oder er ist ganz entsetzt: »Natürlich interessiert mich das.« Dann antworten Sie ganz ehrlich: »O Verzeihung, ich hatte nur den Eindruck, es interessiere Sie nicht.« Wetten, daß der Kunde ab sofort jede Sekunde Ihres Gesprächs aufmerksamst zuhört? Dies sollten Sie aber wirklich nur in Notfällen anwenden. Ansonsten versteht der Kunde das vielleicht falsch und hält Sie für frech.

b) Die Argumentation

Dazu merken wir uns gleich wieder einen Leitsatz:

Fragen oder Argumente des Kunden sind eindeutige Kaufsignale!

An diesem Punkt müssen die meisten Verkäufer stark umdenken. Normalerweise geht man davon aus, daß Menschen, die uns widersprechen oder uns Löcher in den Bauch fragen, bei uns nicht kaufen wollen.

Doch im Verkauf ist mal wieder alles anders. Verkaufspsychologisch gilt: Wer fragt, der interessiert sich zumindest schon einmal für das Produkt. Und wer an dem Produkt irgendwelche Schwierigkeiten sucht, der befaßt sich geistig schon damit, daß er es im Alltag benutzt. Darum dürfen Sie bei Fragen oder Argumenten des Kunden nicht in Panik verfallen, sondern sollten sich über das Interesse Ihres Kunden freuen. Jetzt müssen Sie nur noch die Frage bzw. das Argument ruhig, sachlich und zur Zufriedenheit des Kunden beantworten. Dann sind Sie dem Erfolg schon einen großen Schritt nähergekommen.

Wenn dies geschehen ist, dann vergewissern Sie sich, ob es beim Kunden auch wirklich angekommen ist. Nach der Beantwortung einer Frage oder eines Arguments fragen Sie zum Abschluß den Kunden: »Herr Kaufmann, ist die Frage somit beantwortet?« oder: »Herr Kaufmann, ist das so in Ordnung?« Es ist ganz wichtig festzustellen, ob die Bedenken des Kunden auch wirklich ganz ausgeräumt sind. Wenn Sie die Frage zu oberflächlich beantworten, dann sind die Gedanken des Kunden während Ihrer weiteren Ausführungen immer noch bei seiner Frage. Und wie Sie mittlerweile wissen, hört er dann nicht mehr zu. Wenn Sie wirklich ganz und gar überzeugt sind, daß die Bedenken des Kunden ganz ausgeräumt sind, dann fahren Sie fort.

Denken Sie bitte besonders bei der Argumentation wieder daran, nicht zuviel zu erzählen. Denn je mehr Sie erzählen, um so mehr Punkte hat der Kunde wieder, um neue Argumente zu finden. Das soll natürlich nicht heißen, daß Sie ab sofort nur noch kurz angebunden und abgehackt sprechen sollen. Es geht nur darum, nicht mit irgendwelchen unverständlichen Fremdwörtern und unwichtigen Informationen um sich zu werfen. Bleiben Sie wirklich nur bei dem Punkt, den der Kunde angesprochen hat, denn das ist in der Regel das Wesentliche.

Jetzt kann es auch passieren, daß Ihnen der Kunde eine Frage stellt, die Ihnen überhaupt nicht ins Konzept paßt oder die sich im Laufe des Gespräches sowieso klärt. Dann nehmen Sie ein leeres Blatt und antworten dem Kunden: »Herr Kaufmann, darauf komme ich gleich zu sprechen, ich notiere die Frage kurz auf dem Zettel, daß wir sie nicht vergessen.«

Den Zettel legen Sie dann gut sichtbar auf den Tisch, dann weiß der Kunde, daß seine Frage noch beantwortet wird, und ist für den Augenblick beruhigt. Wenn Sie dann auf den entsprechenden Punkt zu sprechen kommen, dann haken Sie den Punkt auf dem Zettel ab und vergewissern sich wieder beim Kunden, ob jetzt alles klar ist.

Wir können die Argumentation hier nicht genau analysieren, denn eine Argumentation ist immer an ein bestimmtes Produkt gebunden. Deshalb ist es wichtig, die Argumente mit Ihrem Strucki zu üben. Es gibt jedoch dabei drei Kategorien, in die man alle Argumente einordnen kann:

1. Ich bekomme das Produkt bei der Konkurrenz billiger.

Das ist dann der Fall, wenn der Kunde versucht, den Preis zu drücken. Verweisen Sie deshalb bei diesem Argument darauf, daß Preisunterschiede auch gleichzeitig Leistungsunterschiede bedeuten. Wenn der Kunde jetzt ein scheinbar billigeres Produkt erwirbt, später jedoch bei Qualitätsmängeln beispielsweise für Reparaturen viel bezahlen muß, dann kommt er mit einem Qualitätsprodukt unter dem Strich besser und günstiger weg.

2. Ich habe kein Geld.

Entweder stimmt das wirklich, oder es ist ein Scheinargument. Meistens kann man davon ausgehen, daß es ein Scheinargument ist. In einem solchen Fall zeigen Sie dem Kunden, was er durch die Leistungen Ihres Produkts an Kosten einspart. Es bringt nichts, wenn Sie jetzt über den Preis diskutieren oder ihn rechtfertigen wollen. Gehen Sie einfach auf die Leistungen ein, denn Ihr Kunde kauft schließlich nicht das Produkt, sondern im Endeffekt die Leistungen, die ihm Ihr Produkt bietet. Geben Sie ihm das Gefühl, er besitze Ihr Produkt bereits. Zerlegen Sie dann den Preis in die kleinste Einheit, beispielsweise: »Diese ganzen Leistungen bekommen Sie für nur drei Mark pro Tag. Wollen Sie wegen drei Mark wirklich darauf verzichten?« Jetzt sieht der Kunde nicht mehr den wirklichen Preis, sondern nur noch die Einheit von drei Mark. Und drei Mark kann man leichter verkraften als größere Geldbeträge.

3. Ich brauche das nicht.

Fordern Sie hier den Kunden zum Handeln auf. Rechtfertigen nicht Sie Ihr Produkt, sondern lassen Sie den Kunden seine Ansicht rechtfertigen. Fragen Sie ihn einfach: »Herr Kaufmann, was fehlt denn noch bei unserem Produkt, damit es für Sie optimal ist?« Entweder sagt es der Kunde jetzt konkret, so daß Sie ihm ein optimiertes Produkt anbieten können, oder er merkt selbst, daß Ihr Produkt optimal für ihn ist. Bleiben Sie jetzt einfach dran, und er wird bei Ihnen kaufen.

c) Der Umgangston

An diesem Punkt scheiden sich im Vertrieb die Geister. Die einen plädieren, daß man beim Kunden ruhig und sachlich aufreten soll. Die anderen meinen, daß man mit Begeisterung und Enthusiasmus am meisten erreicht. Nun, beide Seiten haben recht. Bei einem ruhigen, konservativen Geschäftsmann orientiert man sich in Tonlage und Ausdrucksweise an ihm. Die wichtigsten Vorteile, oder besondere Passagen, soll man dann aber mit Begeisterung würzen, um den Kunden mitzureißen.

Wenn Sie bei einem jüngeren Kunden sind, dann kommen Sie mit einer begeisternden und lustigen Art weiter. Unterbrechen Sie da ruhig öfter mal Ihr Verkaufsgespräch, um an passenden Stellen einen Witz zu erzählen. Wenn Sie in dieser Situation etwas hervorheben wollen, dann sprechen

Sie langsamer und leiser als ihr Gesprächspartner. Er wird dann auch leiser werden und Ihnen konzentrierter zuhören, da er dann merkt, daß es jetzt um etwas Ernstes geht.

Passen Sie sich also Ihrem Kunden an, denn wenn Sie bei einem Kunden, der langsam spricht, selbst schnell sprechen, dann hält Sie der Kunde für einen oberflächlichen Raser, der ihm nur schnell etwas andrehen will. Wenn Sie dagegen bei einem Kunden, der schnell spricht, selbst langsam sprechen, dann hält er Sie für einen Langweiler.

Bei der Betonung von wichtigen Passagen generell gilt das Gegenteilprinzip. Reden Sie allgemein leise, dann werden Sie bei den wichtigen Passagen lauter und schneller. Wenn Sie schon eine laute Stimme haben, dann werden Sie entsprechend leiser und langsamer. Wenn Sie schnell sprechen, egal, ob sie das immer tun oder nur momentan, um etwas hervorzuheben, dann müssen Sie nach jedem Satz oder Abschnitt eine kurze Pause machen, damit der Kunde das Gesagte auch geistig verarbeiten kann. Hetzen Sie also nicht durch Ihr Verkaufsgespräch. Denn wenn Sie Ihr komplettes Verkaufsgespräch in einer gleichbleibenden und monotonen Stimmlage vortragen, dann wird der Kunde spätestens nach einer halben Stunde unkonzentriert. Gestalten Sie deshalb Ihr Gespräch abwechslungsreich und interessant.

Stellen Sie außerdem auch alle Ihre Fragen so, daß der Kunde mit Ja antworten muß. Es gibt Untersuchungen darüber, die besagen, daß ein Mensch nicht plötzlich nein sagen kann, wenn er vorher lange Zeit ja gesagt hat. Wenn also Ihr Kunde im Verkaufsgespräch alle Ihre Fragen mit Ja beantwortet hat und Sie ihn fragen, ob er Ihre Produkte will, dann kann er nicht plötzlich nein sagen. Das wird auch Ihre gegensätzliche Einstellung ändern, denn wer bemüht ist, bei seinem Gegenüber immer ein Ja zu erhalten, der ist selbst ein positiver Mensch.

Das Ganze wird noch dadurch verstärkt, daß Sie dabei leicht mit dem Kopf nicken. Der Kunde nimmt das unbewußt auf und wird mitnicken. Wenn jemand nickt, dann kann er dabei nicht nein sagen. Probieren Sie das ruhig mal vor dem Spiegel aus, Sie werden Ihre helle Freude daran haben. Sie bauen so bei Ihrem Gesprächspartner eine sogenannte Ja-Schiene auf, und ohne daß es Ihr Gegenüber merkt, können Sie dieses manipulieren. Hier müssen Sie allerdings absolut darauf achten, daß der Kunde Sie nicht durchschaut, denn wenn jemand merkt, daß man ihn manipulieren will, dann stellt er sich automatisch quer – und dann geht gar nichts mehr.

Machen Sie deshalb in Ihrem Gespräch Zwischenabschlüsse: Das sind bestimmte Stellen, an denen Sie den Kunden fragen, wie ihm denn Ihr Produkt bis hierhin gefällt. Im Verkaufsgespräch Ihrer Gesellschaft sind bestimmt solche Zwischenabschlüsse eingebaut, und Sie merken sich einfach die Stellen, an denen Sie eingebaut werden müssen. So bauen Sie automatisch die Ja-Schiene auf.

d) Die Aufzeichnungen

Aufzeichnungen beim Kunden sollen das Gesagte unterstreichen. Schreiben Sie deshalb das Wichtigste beim Kunden auf ein leeres Blatt, das Ihre Adresse und Telefonnummer enthält (Stempel). Beschränken Sie sich beim Schreiben auf das Wesentliche. Der Kunde soll später aus Ihren Aufzeichnungen nicht das Gespräch rekonstruieren, sondern nur seine wesentlichen Vorteile schwarz auf weiß vor sich haben. Deshalb ist es wahrscheinlich unnötig zu erwähnen, daß die Aufzeichnungen sowohl sauber als auch übersichtlich sein müssen.

Viele Gesellschaften verlangen, daß die Anträge beim

Kunden schwarz ausgefüllt werden müssen. Schreiben Sie deshalb von vornherein mit einem schwarzen Kugelschreiber. Stimmen Sie auch Ihre Unterlagen mit der Farbe des Antrages ab. Wenn Ihre Mappe, die Muster, Statistiken oder sonstiges enthält, knallrot ist, der Antrag dagegen giftgrün, dann brüskiert das den Kunden, wenn Sie den Antrag herausziehen. Schaffen Sie deshalb im Laufe des Gespräches die richtige farbliche Atmosphäre, damit der Kunde dann auf die Farbe des Antrages oder der Bestellung vorbereitet ist. Sie müssen immer daran denken, daß Sie während des Verkaufsgespräches den Kunden auf den Abschluß vorbereiten.

Die gekonnte Abschlußphase

Jetzt wird es richtig spannend! Bei all unseren sorgfältigen Vorbereitungen dürfen wir nicht vergessen, daß es einen unberechenbaren Faktor gibt: den Kunden. Man kann Menschen nicht einfach in ein Schema pressen und sagen, daß man ein Allheilmittel oder ein immer wirkendes Verkaufsrezept anzubieten hat. Deshalb ist auch jedes Verkaufsgespräch anders. Man kann jedoch gewisse Dinge, die sich öfters bewährt haben, immer wieder anwenden. So sind diese Tips, die wir in unserem Buch behandeln, auch in der Praxis schon bewährt, das heißt, sie haben bei Kundengesprächen schon oft funktioniert.

Wenn wir jetzt unser Verkaufsgespräch beendet haben, dann fassen wir es zum Abschluß noch einmal in zwei Sätzen zusammen. Länger darf eine Zusammenfassung nicht sein. Jetzt zeigen Sie ihm, wenn möglich, zwei ähnliche Alternativen auf und fragen ihn, welche ihm besser gefällt. Er wird sich für eine entscheiden. Dann ziehen Sie einfach Ihren Antrag oder Bestellschein aus der Tasche und fangen an, ihn auszufüllen. Sie dürfen hier keine Hemmungen haben. Wenn der Kunde jetzt noch irgendwelche Einwände hat, dann wird er es schon sagen. Und darauf können Sie dann entsprechend argumentieren.

Der schlimmste Fehler, den man hier machen kann, ist, Angst zu haben, den Antrag herauszuziehen und auszufüllen. Wenn der Antrag in der Tasche bleibt, dann können Sie ihn auch nicht ausfüllen. Warten Sie also nicht darauf, daß der Kunde Sie bittet, unterschreiben zu dürfen. Sie müssen hier ganz einfach entschlossen handeln und den Abschluß selbst in die Hand nehmen.

Als ich Verkaufsleiter in meinem Versicherungsvertrieb war, kam einmal einer meiner Mitarbeiter zu mir und erzählte, er hätte einen guten Mann eingestellt. Der beherrsche sein Verkaufsgespräch wirklich ausgezeichnet, und doch bringe er beim Kunden einfach keinen Abschluß zustande. Am nächsten Tag begleitete ich diesen Mitarbeiter zu einem Kunden. Er führte dort wirklich ein ausgezeichnetes Verkaufsgespräch, doch als es um den Abschluß ging, da blieb mir beinahe das Herz stehen.

Der Kunde hielt das Angebot in den Händen und nickte dabei. Dieser Mitarbeiter schaute jedoch lediglich den Kunden an und wartete. Ich weiß bis heute noch nicht, worauf. Ich versuchte ihm ein Zeichen zu geben, doch er schwieg weiterhin. Schließlich fing er ein Gespräch an – allerdings nicht über das Produkt, sondern über irgendeinen Schmarren. Als wir den Kunden verlassen hatten, stellte er schließlich fest: »Sehen Sie, der Kunde will einfach nicht abschließen.« Nun war mir alles klar. Er handelte beim Abschluß nicht.

Ich vereinbarte mit ihm schließlich folgendes: Er sollte zu jedem Kunden einen Hundertmarkschein mitnehmen. Immer dann, wenn er beim Kunden den Antrag nicht herausgezogen hatte, dann sollte er seinen eigenen Hundertmarkschein zerreißen und wegwerfen. Nun, ich hatte darüber natürlich keine Kontrolle, aber ich erklärte ihm, daß er bei diesem Spiel nicht mich, sondern nur sich selbst betrügen könne. Ab diesem Tag stiegen seine Verkaufsergebnisse rapide an. Deshalb merken wir uns für die Abschlußphase:

Gehen Sie aufs Ganze, es geht um den Abschluß!

Während Sie den Antrag ausfüllen, stellen Sie dem Kunden andauernd Fragen. Fragen Sie ihn nach den Dingen, die Sie im Antrag gerade ausfüllen, also nach genauer Anschrift, Kontonummer oder was Sie sonst wissen müssen. Wichtig ist dabei, daß Sie den Antrag gemeinsam mit dem Kunden ausfüllen. Der Kunde muß immer sehen, was Sie gerade schreiben. Wenn Sie irgend etwas schreiben, was der Kunde nicht versteht, beispielsweise Bestellnummern oder Tarife, dann erklären Sie das kurz dem Kunden, ohne dabei ins Detail zu gehen.

Wenn der Antrag fertig ausgefüllt ist, dann machen Sie ein großes Kreuz an die Stelle, wo der Kunde unterschreiben muß. Dann drehen Sie den Antrag zum Kunden, halten ihm den Stift hin – und halten den Mund. Das ist ganz wichtig, denn wer hier zuerst spricht, hat verloren! Wenn Sie jetzt noch irgend etwas sagen, dann ist der Kunde abgelenkt und legt den Stift weg. Sagen Sie jedoch nichts, dann ist der Kunde am Zug. Jetzt muß er entweder unterschreiben oder Ihnen eine Frage stellen. Wenn der Kunde Sie jetzt fragen sollte: »Muß ich jetzt unterschreiben?«, dann antworten Sie ganz einfach: »Ja.«

Das ist eine typische Reaktion von Menschen, die keine Entscheidung treffen können. Die fragen dann jeden, was sie tun sollen. Treffen Sie deshalb für Ihren Kunden die Entscheidung, und helfen Sie ihm, das Richtige zu tun. Es kommt sehr oft vor, daß der Kunde den Antrag noch einmal durchliest, etwas nachdenkt und dann unterschreibt. Vielleicht erkennen Sie jetzt, wie wichtig es ist, nichts zu sagen. Ein Mensch kann nämlich nicht gleichzeitig etwas lesen oder nachdenken und Ihnen zuhören. Er muß sich auf einen Punkt konzentrieren. Halten Sie deshalb den Mund, und Sie werden merken, welche Erfolge es Ihnen bringt.

Der unerläßliche Nachverkauf

Das war doch gar nicht so schwer, wie es ausgeschaut hat, oder? Jetzt tritt bei unserem Kunden allerdings ein seltsames Phänomen auf. Er bekommt jetzt die Kaufreue.

Es ist Ihnen bestimmt auch schon passiert, daß Sie in einem Geschäft waren und sich etwas ganz Tolles geleistet haben. Und die schönen Sachen kosten nun einmal auch ein bißchen mehr Geld. Als Sie nun bezahlt und den Laden verlassen haben, überkommt Sie so ein Gefühl, daß die Anschaffung eigentlich überflüssig war. Sie überlegen hin und her, und in diesem Moment kommt Ihr bester Freund und ist ganz begeistert von Ihrer Anschaffung. Und Ihre Kaufreue ist mit einem Mal wie weggeflogen. Kennen Sie diese Situation?

Dann wissen Sie, was Sie jetzt mit Ihrem Kunden machen müssen. Sie müssen ihm Ihr Produkt ganz einfach noch einmal verkaufen. Das geht ganz leicht. Als erstes gratulieren Sie ihm zu der Entscheidung, das Produkt gekauft zu haben. Und dann fragen Sie den Kunden: »Sagen Sie mal, Herr Kaufmann, was hat Ihnen denn am besten an unserem Produkt gefallen?« Jetzt wiederholt der Kunde all die Vorteile, die ihm gefallen haben, und verkauft sich so das Produkt noch einmal selbst. Seine Entscheidung wird so verstärkt, und er fühlt sich bestätigt, die richtige Entscheidung getroffen zu haben.

Hier ist es auch wichtig, daß Sie den Kunden einfach nur bestätigen. Wenn dem Kunden Ihr schwächstes Argument am besten gefallen hat, dann belassen Sie es dabei: Sagen Sie in diesem Fall nicht, daß sein Lieblingsargument eigentlich nur ein ganz schwacher Punkt ist und die anderen Punkte viel schwerer ins Gewicht fallen. Dadurch werten Sie die Entscheidung des Kunden ab und signalisieren ihm indirekt, er sei ein Trottel, der keine Entscheidungen treffen könne. Genau denselben Effekt erzielen Sie, wenn Sie ein Produkt, das der Kunde früher einmal bei einer Konkurrenzfirma gekauft hat, schlechtmachen.

Dann zerstören Sie ein Gedankenbild des Kunden. Ein Mensch hat von allen Dingen ein sogenanntes Gedankenbild, also eine feste Vorstellung. Wenn beispielsweise jemand einen bestimmten Fußballverein bevorzugt und Sie schimpfen über dieses Team, dann haben Sie ein Gedankenbild des Kunden angegriffen. Er wird dann alles tun, um sein Gedankenbild zu verteidigen. Trompeten Sie deshalb nicht Ihre Meinung durch die Gegend, sondern stellen Sie Fragen, um so die Gedankenbilder Ihres Gegenübers zu erfahren. Sie können sich dann wunderbar auf ihn oder sie einstellen.

Lassen Sie den Kunden das Gespräch und seine Kaufentscheidung aus seiner Sicht erzählen. Das bestärkt ihn nochmals in seiner Entscheidung, und er bekommt das Gefühl, wirklich das Beste mit diesem Kauf getan zu haben. Es ist ganz wichtig, daß Sie die Kaufreue beim Kunden soweit wie möglich ausräumen.

Wenn der Nachverkauf abgeschlossen wurde, dann lassen Sie das Gespräch langsam ausklingen und verabschieden sich vom Kunden. Stellen Sie sicher, daß der Kunde auch wirklich alle Unterlagen hat, die er von Ihnen braucht. Dabei weisen Sie ihn auf Ihren Wiederbesuch hin, wie es im Kapitel Kundendienst noch erläutert wird. Sagen Sie dem Kunden zum Abschluß, daß es Ihnen Spaß gemacht hat, mit ihm zu sprechen.

Wenn der Kunde gekauft hat, dann machen Sie vor der Tür keine Freudensprünge, denn der Kunde wird Sie in fast allen Fällen vom Fenster aus beobachten. Gehen Sie ganz ruhig zu Ihrem Auto, und dann geht es los …

Zum nächsten Kunden!

Die Zusammenfassung

1. Bringen Sie den Kunden durch überflüssiges Geschwätz nicht auf Dinge, auf die er nicht von selbst kommt.

2. Lassen Sie den Kunden immer ausreden, und hören Sie ihm interessiert zu.

3. Jede gewonnene Diskussion beim Kunden ist ein verlorener Abschluß.

4. Fragen oder Argumente des Kunden sind eindeutige Kaufsignale.

5. Gehen Sie aufs Ganze; es geht um den Abschluß!

Es gibt keinen Grund, nicht abzuschließen!

3. Kapitel

Empfehlungen dürfen niemals fehlen

Das Wort Empfehlungen haben die meisten Außendienstmitarbeiter schon gehört. Viele haben auch schon einmal versucht, beim Kunden Empfehlungsadressen zu bekommen. Sie haben den Kunden danach gefragt: »Herr Kaufmann, kennen Sie jemanden, für den unser Produkt auch in Frage käme?« Nach einem kurzen Überlegen hat der Kunde dann meist geantwortet: »Nein, im Moment fällt mir wirklich keiner ein, aber ich werde mich einmal umhören.« Und das war es.

Denn Ihr Kunde wird kaum jemanden fragen. Und wenn der Kunde wirklich mal jemanden fragen sollte, dann ist der sowieso desinteressiert, ja er macht Ihnen vielleicht sogar den Kunden abspenstig. Meist erfolgt dies mit Argumenten dieser Art: »Du, paß auf, ich habe von jemandem gehört, daß ...« Denken Sie hier bitte daran, daß der Kunde nicht Ihre Ausbildung hinter sich hat und oft von anderen Leuten sehr leicht beeinflußbar ist.

Empfehlungen sind aber das Wichtigste im Vertrieb. Stellen Sie sich einmal vor, Sie haben eine Namenliste mit hundert Namen angefertigt. Das ist ein riesiges Kundenpotential, werden Sie sich jetzt denken. Wenn Sie jetzt noch gewissenhaft regelmäßig fünf Verkaufsgespräche pro Woche führen, dann können Sie sich leicht ausrechnen, wann Sie keine Kunden mehr haben. Nach spätestens zwanzig Wochen haben Sie zwar gutes Geld verdient, aber der Rest Ihrer Karriere liegt völlig im dunkeln. Ich weiß nicht, ob Sie sich das so vorgestellt haben?

Dabei ist es so leicht, beim Kunden gute Empfehlungsadressen zu bekommen. Und vor allem am Anfang sollten Sie sich besonders auf die Empfehlungen konzentrieren. Was nützen Ihnen die vielen Abschlüsse, wenn Sie keine weiteren Kunden mehr haben? Dann dürfen Sie von Tür zu Tür laufen oder irgendwelche anderen ausgefallenen Arbeitstechniken anwenden – ob das der richtige Weg zum Erfolg ist?

Der richtige Zeitpunkt ist ausschlaggebend

Schauen wir uns einmal an, auf welche Weise wir so gut wie immer Empfehlungen von Kunden bekommen. Auch hier gilt, daß es natürlich keinen hundertprozentigen Erfolg gibt. Aber bei fünfundneunzig Prozent aller Kunden klappt es. Deshalb befassen wir uns mit den fünfundneunzig und nicht mit den fünf Prozent. Wenn wir unser Verkaufsgespräch beendet haben – ganz gleich, ob der Kunde abgeschlossen hat oder nicht –, dann räumen wir als erstes den Tisch leer. Alle unsere Unterlagen verschwinden wieder in der Tasche.

Dadurch heben wir den ganzen Verkaufsdruck, der vorher da war, vollständig auf. Der Kunde merkt jetzt, daß wir nichts mehr von ihm wollen. Dadurch entspannt er sich. Auch Sie sollten sich ganz entspannt im Stuhl zurücklehnen. Das ist genau die Situation und Atmosphäre, die wir für die Empfehlungstechnik brauchen.

Die Technik

Dann fragen wir den Kunden ganz allgemein, wie ihm unser Produkt und unsere Beratung denn überhaupt gefallen haben. Da werden Sie immer hören, daß sowohl Beratung als auch das Produkt ausgezeichnet waren. Wenn der Kunde nicht abgeschlossen hat, dann wird er hier noch einmal die Gründe nennen, warum er nicht abschließen konnte. Sie können davon ausgehen, daß in den meisten Fällen finanzielle Gründe ausschlaggebend sind. Das wird der (Privat)-Kunde jedoch niemals zugeben. Wenn er ein Bekannter von Ihnen ist, kann er Ihnen gegenüber um so weniger eingestehen, daß er kein Geld hat, weil er Angst hat, sich zu blamieren. Sie bestätigen hier einfach den Kunden und zeigen Verständnis für seine Situation.

Nun fragen wir den Kunden: »Herr Kaufmann, es ist aber gut, daß Sie zumindest diese neuen Informationen erhalten haben, oder?« Diese Frage wird der Kunde bejahen. »Sehen Sie, Herr Kaufmann, es ist meine Aufgabe, diese Informationen so vielen Leuten wie möglich zu geben. Sie können mir hier etwas helfen, indem Sie mich weiterempfehlen. Ich kann natürlich nicht alle Ihre Bekannten und Verwandten, die Sie haben, besuchen. Ich bin jedoch bereit, Ihre fünf besten Freunde zu besuchen, um ihnen auch unser Produkt zu zeigen. Wer wäre denn das?« Gleichzeitig ziehen Sie fünf vorbereitete Karteikärtchen aus der Tasche, legen diese auf den Tisch, schauen den Kunden erwartungsvoll an – und halten den Mund!

Die Argumentation

An dieser Stelle nennt er Ihnen einen Namen, oder er beginnt zu argumentieren. Befassen wir uns zunächst einmal mit dem Argumentieren. Da gibt es im wesentlichen nur zwei Argumente: Entweder dem Kunden fällt niemand ein, oder er will Ihnen keine Empfehlungen geben. Wenn dem Kunden keine Namen einfallen, dann schaut dies zunächst wie ein Scheinargument aus. Es ist aber keines, denn der Kunde wertet schon beim Überlegen, wer als Kunde speziell für Ihr Produkt in Frage kommt. Und woher will der Kunde wissen, ob seine Bekannten unser Produkt brauchen können? Deshalb müssen wir dem Kunden hier etwas auf die Sprünge helfen und klarstellen, daß unser Produkt für alle interessant ist.

Wir müssen ihm Orientierungshilfen geben, sogenannte Spotlights setzen. Ein Spotlight ist eine Orientierungshilfe, bei der nur eine Person in Frage kommen kann. Wenn wir den Kunden also fragen: »Wer ist Ihr Nachbar zur Linken?« Dann kommt in der Regel nur eine Person (oder Familie) in Frage. Auf die Frage: »Mit wem arbeiten Sie denn zusammen?« können viele Personen in Frage kommen. Und wir setzen dem Kunden so lange Spotlights, bis wir unsere fünf Empfehlungen haben. Denn wenn uns der Kunde *eine* Empfehlung gegeben hat, dann gibt er uns genausogut auch fünf.

Der nächste Merksatz klingt zwar simpel, ist dafür in der Anwendung um so anstrengender:

Bevor wir nicht mindestens fünf Empfehlungen haben, stehen wir nicht auf!

Und ab sofort halten Sie sich daran! Ich habe schon oft beobachtet, wie Verkäufer beim Kunden sitzen und sich nach zwei oder drei Empfehlungen mit den Worten: »Mir fällt jetzt keiner mehr ein« abfertigen lassen. Dabei muß man hier nur ein bißchen Druck auf den Kunden ausüben, um die fünf Empfehlungen zu erhalten. Das ist natürlich auch mit Arbeit, also Argumenten, verbunden.

Wenn uns der Kunde überhaupt keine Empfehlungen geben will, dann wird es ein bißchen schwieriger. Auch hier geben viele zu schnell auf. Die Kunden sagen da meistens: »Seien Sie mir nicht böse, aber ich gebe aus Prinzip keine Empfehlungen.« Und schon meint man, diese Nuß nicht knacken zu können. Wir haben aber schon gelernt, daß wir niemals aufgeben, und auch wenn es noch so aussichtslos ausschaut, kann man es zumindest versuchen.

Diesen »Prinzipkunden« müssen wir hier ganz einfach persönlich angreifen. Wenn er abgeschlossen hat und Ihnen keine Empfehlungen geben will, dann fragen Sie zunächst einmal: »Warum?« Sagt er dann noch einmal »aus Prinzip«, dann schütteln Sie den Kopf und zerreißen ganz einfach den Antrag! Ja, ich meine das so, wie ich es geschrieben habe. Der Kunde wird Sie dann ganz erstaunt anschauen. Sie antworten ganz gelassen: »Herr Kaufmann, ich glaube, Sie sind von unserem Produkt noch nicht ganz überzeugt, und ich will Ihnen nichts verkaufen, von dem Sie nicht überzeugt sind.« Dann wird Ihnen der Kunde bestätigen, daß er absolut überzeugt ist. Sie brauchen jetzt nur noch zu erwidern, daß er Sie dann auch ruhigen Gewissens weiterempfehlen kann. Und der Kunde wird Ihnen plötzlich auch Empfehlungen geben. Für den Preis, den Antrag noch einmal ausfüllen zu müssen, hat sich das doch gelohnt, oder?

Dazu kommt noch die Psyche des Kunden. Wenn er Ihren Antrag gleich zweimal unterschreibt, dann können Sie mit Sicherheit davon ausgehen, daß er absolut von Ihrem Produkt – und natürlich von Ihnen selbst – überzeugt ist.

Wenn der Kunde nicht abgeschlossen hat, dann hat er unbewußt ein schlechtes Gewissen. Das ist auch der Grund, warum viele Leute um den heißen Brei herumreden, wenn Sie nicht abschließen oder etwas nicht kaufen wollen. Wenn jetzt dieser Kunde uns auch noch erzählt, daß er uns aus Prinzip keine Empfehlungen geben will, dann handelt es sich hier um die berühmten fünf Prozent – oder das Gewissen des Kunden ist kurz vor dem Durchdrehen.

Schauen wir uns zunächst diese fünf Prozent, die wir schon angesprochen haben, genauer an. Das sind Leute, die Ihnen schon bei der Terminvereinbarung keinen Termin geben wollen – ohne Begründung. Sie merken, daß diese Leute irgendwie von einer dicken Abwehrmauer umgeben sind. Auch im Verkaufsgespräch kann man sie mit keinerlei logischen Argumenten überzeugen. Hüten Sie sich vor diesen Leuten! Denn diese können Sie nachhaltig demotivieren.

Bei den anderen gehen wir voll in den Angriff über. Das machen wir mit der altbewährten Fragetechnik: »Herr Kaufmann, habe ich mich hier bei Ihnen wohl schlecht benommen? Oder habe ich mit aller Gewalt versucht, Ihnen etwas aufzuschwatzen, so daß Sie mich deshalb nicht weiterempfehlen wollen? Oder trauen Sie es einfach Ihren Bekannten nicht zu, allein die Entscheidung zu treffen, ob sie dieses Produkt brauchen oder nicht?« Zwischen all den Fragen machen Sie eine kurze Pause, so daß der Kunde nachdenken kann. Sie müssen bei ihm Schritt für Schritt ein schlechtes Gewissen aufbauen. Betonen Sie dabei, daß der Bekannte des Kunden ein Recht darauf hat, das Produkt kennenzulernen, und daß er seinem Bekannten dieses Recht nicht einfach nehmen kann.

Dann nehmen Sie eine Schreibposition ein, schauen den Kunden erwartungsvoll an und halten einfach den Mund. Sie werden merken, wie die Stille dem Kunden immer peinlicher wird. Er wird nervös und rutscht auf dem Stuhl hin und her, bis er es schließlich nicht mehr ertragen kann. Es funktioniert, wenn Sie die besseren Nerven haben. In diesen Augenblicken werden Sekunden zu Stunden. Schauen Sie dem Kunden einfach in die Augen, und denken Sie bei sich, wer zuerst spricht, der hat verloren.

Sie werden feststellen, daß dem Kunden plötzlich Namen einfallen. Notieren Sie die Namen, die Ihnen der Kunde nennt, und helfen Sie ihm durch das Anbieten von Spotlights, fünf Empfehlungen zu nennen. Arbeiten Sie so lange, bis Sie wirklich Ihre fünf Empfehlungen bekommen haben. Kunden kann man niemals genug haben; wenn man jedoch einmal keine mehr haben sollte, kann dadurch die Karriere für immer kaputt sein. Lassen Sie es nicht so weit kommen! Sie haben hier gemerkt, daß man von jedem Kunden Empfehlungen bekommen kann.

Zusätzliche Tips

Wenn der Kunde Ihnen nun Empfehlungen nennt, dann schreiben Sie sich zunächst einmal nur die Namen der Kunden auf. Pro Kunde verwenden Sie ein Karteikärtchen. Schreiben Sie nicht gleich Namen, Vornamen, Adresse, Ort, Telefonnummer, Familienstand, Beruf und sonstige Bemerkungen auf, denn wenn Sie das bei der ersten Empfehlung gemacht haben, dann denkt sich der Kunde: »O Gott, das alles muß ich ja bei den andern auch noch machen.« Dadurch ist er abgeschreckt.

Deshalb notieren wir zunächst erst die fünf Namen. Wenn Sie dabei dem Kunden durch Spotlights helfen müssen, dann geben Sie ihm nur ein Spotlight vor (z.B. Arbeit, Nachbarn, Freizeit). Jetzt ist es aber wichtig, daß Sie den

Mund halten, damit der Kunde überlegen kann. Denn wenn Sie dem Kunden jetzt ein Spotlight nach dem anderen vorgeben, dann kann er sich nicht konzentrieren und somit auch nicht über die passenden Empfehlungen nachdenken.

Wenn Sie schließlich fünf Namen haben, dann notieren Sie sich die restlichen Informationen zu jedem Kunden. Jetzt fragen Sie den Kunden, zu wem er denn als erstes gehen würde, wenn er ein Verkäufer wäre, und warum. Der Kunde wir Ihnen vielleicht noch einiges über die Kunden sagen, was wichtig ist. Diese Punkte notieren Sie sich ebenfalls auf dem Karteikärtchen. Sie werden manche davon vielleicht später bei der Terminvereinbarung brauchen.

Manchmal sagen die Kunden auch, daß sie ihre Bekannten lieber erst einmal selbst fragen wollen, ob sie Interesse haben. Sie wissen ja schon, daß dabei nichts rauskommt. Deshalb antworten Sie in diesem Fall dem Kunden: »Herr Kaufmann, das finde ich toll. Ich hätte mich nicht getraut, Sie zu fragen, ob Sie das für mich tun wollen. Lassen Sie uns Ihre Bekannten gleich anrufen; das Telefon bezahle ich Ihnen selbstverständlich.«

Dann vereinbaren Sie mit dem Kunden sogenannte Direkttermine. Machen Sie mit dem Kunden aus, daß er Sie seinem Bekannten nur kurz vorstellt und Sie dann den Hörer übernehmen. Die Termine, die Sie so vereinbaren, sind die besten, die man sich nur vorstellen kann. Wenn Ihr Kunde abgeschlossen hat, dann können Sie ihn sogar zu seinem Bekannten mitnehmen. Er wird diesen dann mit Sicherheit dazu anregen, auch abzuschließen. Das ist logisch, denn es geht nicht, daß sein Freund etwas besitzt, was er nicht hat.

Probieren Sie es einfach einmal aus, Direkttermine zu vereinbaren. Viele erfolgreiche Verkäufer schwören auf Direkttermine und können es sich gar nicht vorstellen, ohne diese zu arbeiten. Ich kann Ihnen versprechen, daß die Ausfallquote bei Direktterminen wesentlich geringer ist als bei normalen Terminen. Auch die Abschlußquote ist besser.

Es ist im Endeffekt unwichtig, wie Sie es machen, wichtig ist nur, daß Sie sich Empfehlungen holen. Prinzipiell bekommen Sie von jedem Kunden Empfehlungen, bei manchen muß man nur ein bißchen mehr bohren als bei anderen. Gehen Sie also niemals ohne Empfehlungen von einem Kunden weg.

Die Zusammenfassung

1. Wenden Sie die Empfehlungstechnik an.

2. Setzen Sie dem Kunden Spotlights.

3. Halten Sie im richtigen Moment den Mund.

4. Bevor Sie nicht mindestens fünf Empfehlungen haben, stehen Sie nicht auf.

5. Vereinbaren Sie Direkttermine.

Es gibt keinen Grund, keine Empfehlungen zu bekommen!

4. Kapitel

Kundendienst – der Dienst am Kunden

Stellen Sie sich einmal die folgende wunderbare Geschichte vor. Sie sind bei einem Kunden, und bei dem läuft es einfach großartig. Selbstverständlich unterschreibt er auch, und Sie erhalten einen Riesenauftrag. Doch nach etwa einer Woche werden Sie von Ihrer Gesellschaft informiert, daß dieser Kunde gekündigt oder widerrufen hat.

Das kann einen schon hart treffen – besonders in der Anfangszeit, wenn man sich über einen seiner ersten Abschlüsse freut. Dabei sind diese Fälle relativ leicht zu vermeiden. Denn hier handelt es sich um einen klassischen Fall von Kaufreue. Sie werden jetzt berechtigterweise monieren, daß wir die Kaufreue schon behandelt haben. Stimmt, jedoch noch nicht vollständig.

Storno – Ursachen und Vermeidung

Storno, wie man die Kündigung des Kunden bezeichnet, kann vom Prinzip her nur zwei Ursachen haben. Entweder handelt es sich um Kaufreue oder um eine Abwerbung. Wir müssen und können beide Ursachen von vornherein ausschließen.

Den ersten Schritt dazu haben wir schon nach dem Verkaufsgespräch getan. Wir haben den Kunden gelobt und darin bestärkt, die richtige Entscheidung getroffen zu haben. Bei vielen Kunden besteht jedoch das Gedankenbild, daß sie einen Verkäufer einmal und dann nie wieder sehen. Leider unternehmen viele Kollegen bis heute nichts dagegen, um dieses Gedankenbild zu ändern. Wir gehen jedoch auch hier wieder andere Wege.

Nach dem Kundengespräch weisen Sie den Kunden darauf hin, daß Sie ihn nach zwei oder drei Tagen noch einmal besuchen, um noch eventuell auftretende Fragen zu klären. Sie vereinbaren dabei mit dem Kunden selbstverständlich einen festen Termin. Dadurch merkt der Kunde, daß wir für ihn da sind, wenn er uns braucht, und hat keine Angst, uns nie wiederzusehen. Zu diesem Gespräch nehmen Sie dem Kunden irgendein Präsent mit. Das braucht nur eine Kleinigkeit zu sein, doch hinterläßt die Geste beim Kunden einen großen Eindruck. Sie haben in Ihrer Gesellschaft bestimmt ein passendes Werbegeschenk bereit.

Als nächstes geben Sie dem Kunden nebst Ihrer Visitenkarte eine Adresse, wo er jemanden aus Ihrer Firma erreichen kann. Weisen Sie den Kunden ausdrücklich darauf hin, daß man dort seine Fragen beantworten wird, wenn Sie einmal nicht zu erreichen sind. Damit nehmen Sie dem Kunden die Angst, daß Sie ihm eventuell falsche Informationen über das Produkt gegeben haben. Er kann sich ja direkt bei der Gesellschaft erkundigen, wenn ihm etwas »spanisch« vorkommt.

Bei manchen Gesellschaften, z. B. bei Versicherungen, werden Verträge auch recherchiert: Der Kunde wird ein bis zwei Tage nach der Antragsunterzeichnung von der Gesellschaft angerufen, die sicherstellen will, daß der Kunde auch tatsächlich die Beiträge bezahlen will und kann. Wenn das bei Ihnen der Fall ist, so weisen Sie den Kunden auf die Recherche hin. Verkaufen Sie ihm das so, daß nicht der Kunde überprüft wird, sondern Sie selbst. Erklären Sie dem Kunden, daß sich die Gesellschaft bei ihm erkundigt, ob Sie ihn auch zufriedenstellend beraten haben. Sie brauchen da keine Bedenken zu haben, denn die Leute, die Kunden telefonisch recherchieren, sind absolute Profis in ihrem Fach, die Ihren Kunden in seiner Entscheidung bestärken.

Der nächste kritische Punkt kommt, wenn der Kunde zum ersten Mal bezahlen muß. Viele Verkäufer erhalten ihre Provision nur, wenn der Kunde auch wirklich bezahlt hat. Deshalb ist es auch in Ihrem Interesse, daß der Kunde so schnell wie möglich bezahlt. Sie wissen meistens, wann das ungefähr ist. Besuchen Sie den Kunden deshalb zu diesem Zeitpunkt noch einmal kurz, um ihm irgendwelche Unterlagen zu erläutern. Das kann zum Beispiel bei Versicherungsverkäufern die Police sein, bei Staubsaugerverkäufern das genaue Einsetzen der Beutel oder sonst irgend etwas.

Wichtig ist dabei, daß Sie bei jedem Besuch betonen, immer für den Kunden da zu sein. Denn das ist die Grundangst eines jeden Kunden, daß er bei eventuell auftretenden Problemen ganz allein dasteht und ihm niemand hilft. Beugen Sie also so der Kaufreue vor. Gerade heute, wo sich die Produkte immer ähnlicher werden, entscheidet das Vertrauen des Kunden zum Verkäufer letztendlich darüber, bei wem der Kunde kauft.

Das wissen natürlich auch andere Verkäufer. Sie nützen diese Schwäche des Kunden schamlos aus, um andere Verkäufer aus dem Rennen zu werfen. Den Sinn oder, besser gesagt, Unsinn einer solchen Arbeitsweise wollen wir hier jedoch nicht untersuchen. Wenn Ihnen jemand Ihren Kunden »abschrauben« will, dann treibt er Ihren Kunden so lange in die Enge, bis Ihr Kunde seine Fragen nicht mehr beantworten kann. Dann verweist er darauf, daß Sie Ihren Kunden nicht umfassend genug informiert haben. Anschließend braucht er nur noch einige Nachteile aufzuzählen, die Sie Ihrem Kunden angeblich verschwiegen haben, und schon nimmt der Kunde die Bestellung bei Ihnen zurück.

Wenn der Kunde allerdings Vertrauen zu Ihnen hat, dann wird das niemals soweit kommen, denn dann wird er überhaupt keinen anderen Verkäufer zum Zug kommen lassen. Halten Sie deshalb die Kundendiensttermine genauestens ein. Sie haben vielleicht gedacht, der Aufwand, den wir für einen Kunden machen, sei ein bißchen groß. Denken Sie dann jedoch bitte auch daran, was Sie bei einer einzigen Bestellung Ihres Kunden verdient haben und wie lange ein Arbeiter arbeiten muß, bis er dieselbe Summe verdient. Die Folgebestellungen, die ein zufriedener Kunde später – ohne Aufwand von Ihnen – macht, haben wir dabei noch überhaupt nicht berücksichtigt.

Erfolgreiche Bekämpfung im Falle eines Falles

Wenn es doch einmal soweit kommen sollte, dann wird es ernst. Suchen Sie den Kunden sofort, ohne Voranmeldung, auf. Hier hilft es nicht, wenn man vorher anruft. Ein Telefonhörer ist leicht aufgelegt, und dann ist es ganz aus. Wenn der Kunde Ihnen jedoch gegenübersteht, dann kann er Sie nicht so schnell abweisen und auch nicht so leicht belügen.

Man erlebt es im Verkauf immer wieder, daß ganz ehrliche Leute einen Verkäufer belügen, weil sie sich nicht trauen, die Wahrheit zu sagen. Das geht am Telefon leichter, als wenn man sich in die Augen schaut. Und kaum ein Mensch wird Ihnen erzählen, daß ein anderer Verkäufer Sie schlechtgemacht hat und er deshalb jetzt bei ihm etwas gekauft hat anstatt bei Ihnen.

Reden Sie deshalb mit Ihrem Kunden. Sagen Sie, daß Sie ihn verstehen, Sie aber einen Bericht bei Ihrer Gesellschaft abgeben müssen. Auf diese Art und Weise erfahren Sie wenigstens, warum der Kunde storniert hat. Dann können Sie mit den entsprechenden Argumenten kontern. Dabei werden Sie sehr schnell feststellen, ob da ein anderer Verkäufer im Spiel ist. Schlagen Sie in einem solchen Fall dem Kunden einen gemeinsamen Termin mit dem anderen Verkäufer vor. Vielleicht bekommt da der andere Angst...

Sie sollten dann Ihren Strucki mitnehmen, denn der wird es dem anderen Verkäufer schon zeigen. Falls bei Ihnen ein Storno auftreten sollte, dann lassen Sie sich besonders in der Anfangszeit von Ihrem Strucki unterstützen. Bedenken Sie, daß er schon länger im Geschäft ist und meistens doch den einen oder anderen guten Trick kennt, den er Ihnen zeigen kann. Nehmen Sie sich dabei folgendes zu Herzen:

Loben Sie die Konkurrenz:

Schimpfen Sie bitte nie über die Konkurrenz. Wenn Sie das beim Kunden tun, dann werden Sie unglaubwürdig. Natürlich sollte man sowohl die Vor- als auch die Nachteile seiner Konkurrenz kennen. Fangen Sie beim Kunden aber nicht an, die Nachteile der Konkurrenz aufzuzählen, sonst fragt sich der Kunde, warum Sie Ihr Produkt immer loben und das der Konkurrenz immer kritisieren. Ihnen ist vermutlich selbst schon aufgefallen: Wenn jemand ständig auf etwas herumhackt, dann ergreift man automatisch Partei dafür. Und Ihr Kunde soll doch nicht für die Konkurrenz Partei ergreifen, oder? Zählen Sie daher lieber Vorzüge Ihres Produktes auf, anstatt Nachteile der Konkurrenz anzusprechen.

Die erneute Aktivierung des Kunden

Wenn der Kunde schließlich seine Kündigung wieder zurücknehmen will, dann machen Sie das schriftlich mit ihm. Und nehmen Sie sofort eine Anzahlung mit. Gehen Sie auf keinen Fall ohne eine Anzahlung weg! Bei einer Anzahlung besteht eine größere Verbundenheit mit dem Produkt als bei einem Formular.

Nehmen Sie deshalb auf jeden Fall die Anzahlung mit. Manche Verkäufer nehmen schon gleich bei Vertragsabschluß eine Anzahlung mit. Natürlich gegen eine Quittung. Probieren Sie es doch auch einmal aus. Jeder muß damit seine eigenen Erfahrungen machen. Falls Sie es einmal ausprobieren wollen, dann machen Sie es mit einer Alternativfrage: »Herr Kaufmann, wollen Sie jetzt nur eine oder gleich zwei Raten bezahlen?«

Führen Sie, nachdem Sie den Kunden wieder gewonnen haben, auch die Kundendienste noch einmal durch. Das Vertrauensverhältnis zwischen Ihrem Kunden und Ihnen ist natürlich gestört, bauen Sie es also langsam wieder auf. Versuchen Sie auch von diesem Kunden möglichst bald einen Folgeauftrag zu bekommen, allerdings ohne ihn zu bedrängen.

Als letzten Punkt schauen wir uns noch eine Kleinigkeit an, die viele so leicht vergessen. Zu seinem Geburtstag schikken Sie dem Kunden eine Karte. Aber bitte eine von Hand geschriebene und keinen Vordruck, den die Sekretärin dann im Auftrag unterschrieben hat. Die Kosten dafür sind minimal, der Erfolg jedoch nicht mit Geld zu bezahlen.

Dafür ist es jedoch nötig, eine Kundenkartei zu führen. Verwenden Sie dafür dieselben Karteikärtchen wie für die Empfehlungen. Fertigen Sie sich außerdem einen Endloskalender an. Das ist ein Kalender, in den keine Wochentage wie

Montag, Dienstag usw. eingetragen sind. Lediglich die zwölf Monate nebeneinander und die Tage (1., 2., … 31.) darunter. Wenn Sie jetzt die Geburtstage in die entsprechenden Zeilen und Spalten eintragen, dann können Sie diesen Kalender ewig verwenden.

Endloskalender												
	Jan.	Feb.	März	April	Mai	Juni	Juli	Aug.	Sept.	Okt.	Nov.	Dez.
1.												
2.												
3.												
4.												
5.												
6.												
7.												
8.												
9.												
10.												
11.												
12.												
13.												
14.												
15.												
16.												
17.												
18.												
19.												
20.												
21.												
22.												
23.												
24.												
25.												
26.												
27.												
28.												
29.												
30.												
31.												

In Ihrer Kundenkartei sollten Sie sich auch Notizen zu den Gesprächen machen, die Sie mit dem Kunden geführt haben. Dann haben Sie eine wunderbare Übersicht und können sich beim nächsten Besuch mit einem kurzen Blick auf die Kundenkarteikarte voll auf den Kunden einstellen.

Die Kunden sind immer wieder begeistert, wenn man sich an die Gespräche erinnert, die man mit ihnen geführt hat. Zeigen Sie auch für den Rest der Familie Interesse. Besonders für die Kinder des Kunden, denn den meisten Menschen liegt nichts so sehr am Herzen wie die eigenen Kinder. Notieren Sie auf Ihr Karteikärtchen auch unbedingt die Hobbys des Kunden sowie die Namen und einige Informationen über seine Kinder, auf die Sie ihn dann immer wieder ansprechen können.

Wenn Sie so vorgehen, dann wird der Kunde im Laufe der Zeit ein Freund, der Ihnen vertraut. Bei einem solchen Kunden können Sie dann absolut sicher davon ausgehen, daß er nicht zur Konkurrenz abspringt und daß er Sie auch mit absoluter Überzeugung weiterempfiehlt. Was kann man noch mehr von einem Kunden verlangen?

Einem Freund von mir passierte es einmal, daß er auf die Frage, was der Kundin denn am besten gefallen habe, »Sie« zur Antwort bekam. Er erzählte mir, daß diese Kundin das Produkt eigentlich gar nicht brauchte, es jedoch aus reiner Sympathie kaufte. Wenn Ihnen einmal so etwas widerfährt, dann wissen Sie, daß Sie auf dem richtigen Weg sind. Dann wissen Sie, daß der Kunde sein Vertrauen in Sie und nicht in Ihr Produkt setzt.

Die Zusammenfassung

1. Bestätigen Sie den Kunden gleich nach dem Abschluß.
2. Weisen Sie ihn auf Ihren Besuch an einem der nächsten Tage hin.
3. Besuchen Sie den Kunden nach zwei oder drei Tagen noch einmal.
4. Bei der ersten Zahlung besuchen Sie ihn erneut.

Es gibt kein Storno!

5. Kapitel

Stillstand ist Rückschritt

Sicher kennen Sie diesen Spruch aus der Wirtschaft. Es heißt dort, wenn ein Unternehmen auf dem gleichen Stand stehenbleibt, wo es letztes Jahr schon stand, dann ist das mit einem Rückschritt gleichzusetzen. Wir wollen uns hier nicht anschauen, warum das so ist, vielmehr soll es Sie daran erinnern, daß auch Sie sich ständig weiterentwickeln sollen.

Denken Sie einmal zurück an Ihre Lehrzeit. Wie viele Jahre hat eigentlich Ihre Berufsausbildung gedauert? Waren teilweise auch harte Zeiten dabei, in denen Sie am liebsten alles hingeworfen hätten? Und dann die Bezahlung...

Nun vergleichen Sie einmal, wie lange Sie schon im Vertrieb arbeiten und was Sie hier schon verdient haben. Viele neue Mitarbeiter im Vertrieb ziehen lange Gesichter, wenn Sie nicht gleich im ersten Monat fünfstellig verdienen. Dabei muß man im Vertrieb, wie woanders auch, sein Können und seinen Verdienst langsam aufbauen.

Ohne Training kein Erfolg

Dazu gehört, daß Sie mit Ihrem Strucki die Terminvereinbarung, das Verkaufsgespräch und die Empfehlungstechnik so lange trainieren, bis Sie Ihr Fach wirklich beherrschen. Gehen Sie da auf Ihren Strucki zu, und bitten Sie ihn um Trainingstermine. Versetzen Sie sich dazu einmal in die Lage Ihres Struckis. Stellen Sie sich vor, daß Sie jemandem etwas beibringen müssen. Da gibt es mit Sicherheit interessantere Beschäftigungen. Deshalb müssen Sie hier selbst die Initiative ergreifen und Ihren Strucki für sich einspannen.

Es geht schließlich um Ihre Zukunft. Sie selbst können entscheiden, ob Sie Ihr ganzes Lebn lang lieber ein Otto Normalverbraucher bleiben oder ob Sie sich auch einmal die schönen Seiten des Lebens gönnen und leisten wollen. Und Sie werden mir sicher zustimmen, daß alle schönen Sachen auch Geld kosten. Üben Sie deshalb mit Ihrem Strucki, sooft es nur geht.

Als nächstes nutzen Sie alle Schulungen, die angeboten werden. Es ist ganz wichtig, die Schulungen zu besuchen. Neben dem Lerneffekt bekommt man immer eine gehörige Portion Motivation mit auf den Weg, und die ist nicht zu unterschätzen. Es gibt vielleicht auch bei Ihnen Zeiten, in denen es nicht optimal läuft. Wenn man sich dann einigelt, dann steigt der Frust bis zur Resignation. Treffen Sie dagegen auf Kollegen, die gerade tolle Erfolgserlebnisse hinter sich haben, dann spornt das auch einen selbst wieder an. Andererseits ist es auch ein tolles Gefühl, wenn man selbst eigene Erfolgserlebnisse anderen mitteilen kann oder dafür ausgezeichnet wird.

Schreiben Sie bei Schulungen von Anfang an soviel wie möglich mit. Denken Sie daran, daß Sie selbst diese Schulungen einmal halten dürfen, und da ist es gut, wenn man sich von Anfang an ein eigenes Konzept erarbeitet und schon viele verschiedene Schulungen gesehen hat. Nutzen Sie deshalb diese Lernmöglichkeit. Es gibt keine bessere und auch keine billigere Chance, etwas zu lernen. Informieren Sie sich einmal spaßeshalber, wieviel ein Verkaufsseminar kostet. Da ist man sehr schnell einen vierstelligen Betrag los.

Die Schulungen Ihres Vertriebes sind weitgehend kostenlos (bis auf die Verpflegung), und deshalb werden sie oft nicht genug geschätzt. In vielen Köpfen ist die Idee »Was nichts kostet, das taugt auch nichts« festgesetzt. Denken Sie deshalb bei der nächsten Schulung, die Sie besuchen, daran, wieviel Ihnen ein einziger Lehrgang durch einen Vertriebsprofi nützen kann. Es liegt an Ihnen, was Sie aus einer Schulung mitnehmen.

Außerdem haben Sie die Verpflichtung Ihrem Kunden gegenüber, fachlich absolut perfekt zu sein. Betrachten Sie einmal Ihre Produktpalette. Beherrschen Sie jedes Produkt bis ins kleinste Detail? Sind Sie bei jedem Produkt wirklich auf dem neuesten Stand? Wenn Sie beide Fragen mit einem eindeutigen Ja beantwortet haben, dann fragen Sie einmal Ihren Strucki, ob er es genauso sieht.

Es gibt nichts Schlimmeres als Verkäufer, die ihre Produkte nicht perfekt kennen und beherrschen. Sie machen nicht nur sich selbst und ihre Firma unmöglich, sondern werfen auch auf die gesamte Branche ein schlechtes Licht. Sorgen Sie deshalb dafür, daß Sie Ihre Produkte bis ins kleinste Detail kennen.

Der tägliche Kontakt

Als nächstes betrachten wir den täglichen Kontakt. Sprechen Sie einmal täglich mit Ihrem Strucki über das Geschäft. Sie sollten sich das einfach angewöhnen. Es ist wichtig, mit jemandem zu sprechen, der dieselbe Interessenlage hat wie Sie selbst. Ihr Strucki kann Ihnen sofort weiterhelfen, wenn Sie Fragen haben. Er kann sich aber genauso über Ihre Erfolge mit Ihnen freuen, wie er Sie bei Mißerfolgen sofort wieder aufbaut. Gewöhnen Sie es sich einfach an, einmal täglich mit Ihrem Strucki zu sprechen, und wenn es nur eine Minute dauert. Es ist ja schließlich nur ein Informationsgespräch, in dem Sie Ihrem Strucki von Ihren Aktivitäten berichten oder ihm Fragen stellen.

Ihre ständige Erfolgskontrolle

Neben der täglichen Berichterstattung bekommt Ihr Strucki eine Kopie Ihres Wochenplanes. Außerdem den Ist-Soll-Vergleich Ihrer Zielsetzung und Planung. Mehr dazu im entsprechenden Kapitel. Diese beiden Dinge werden jedoch von Ihnen zu einem fest vereinbarten Termin bei Ihrem Strucki abgegeben. Das ist ein absolutes MUSS, und da gibt es überhaupt keine Entschuldigung.

Ich kenne das noch aus meiner eigenen Anfangszeit. Wenn man einmal sein Soll nicht erfüllt hat, dann versucht man sich um die Aufgabe zu drücken. Aber genau dann ist es wichtig, daß Sie Ihren Wochenplan und Ihre Zielsetzung/Planung abgeben. Denn nur dann, wenn es nicht klappt *und Ihr Strucki Bescheid weiß*, nur dann kann er Ihnen wirklich helfen. Deshalb ist es besser, einen leeren Wochenplan abzugeben als überhaupt keinen. Ihr Strucki braucht diese Informationen, und er kann sie nicht aus dem Ärmel schütteln.

Die Zuverlässigkeit und Qualität eines neuen Mitarbeiters wird an seiner Pünktlichkeit, der Teilnahme an Schulungen, dem Fleiß und der Abgabe der geforderten Unterlagen gemessen. Es kann natürlich sein, daß Ihre Gesellschaft andere Unterlagen fordert. In dem Fall geben Sie natürlich die geforderten Unterlagen ab.

Mir kam das am Anfang wie überflüssiger Papierkram vor. Für mich war es wichtiger, Termine zu vereinbaren, Kundengespräche zu führen und Geld zu verdienen. Erst als ich mich zum Verkaufsleiter hochgearbeitet hatte, erkannte ich, durch die entsprechende Ausbildung, den Sinn. Mein Strucki hat diese Unterlagen immer unnachgiebig von mir gefordert. Wenn ich sie einmal nicht pünktlich abgegeben habe, dann hat er mich terrorisiert. Das heißt, er hat mich angerufen. Überall, wo er mich vermutete. Bis tief in die Nacht. Dann mußte ich die Unterlagen noch bei ihm vorbeibringen. Das war sehr hart, aber dadurch habe ich gelernt, diese Unterlagen selbst konsequent abzufordern.

Durch meine Ausbildung zur Führungskraft erkannte ich dann auch, wie mein Strucki mich mit Hilfe meiner Unterlagen geführt hatte. Sie selbst werden es nicht merken, aber glauben Sie mir, diese Unterlagen und Ihr Strucki werden Sie erfolgreich machen. Aus diesen Unterlagen erkennt Ihr Strucki Ihre Stärken und Schwächen. Dementsprechend wird er Sie lenken, daß sie aus Ihren Fähigkeiten das Maximum machen können.

Was ist jetzt, wenn Sie sich an das alles halten, ja wenn Sie alles perfekt einhalten und trotzdem keinen Erfolg haben? Dann geben Sie nicht so schnell auf. Keine Niederlage ist endgültig, außer Sie selbst geben auf. Nichts ist so schlimm wie ein Aufgeber. Kämpfen Sie für Ihren Erfolg! Denken Sie einfach daran, daß die Statistik für Sie arbeitet. Warum das so ist?

Das Gesetz der Statistik

Vergleichen wir das einmal mit einem Würfel. Bei einem Würfel müßte theoretisch jeder sechste Wurf eine Sechs sein. Es kann Ihnen jedoch passieren, daß Sie zwanzigmal würfeln und keine einzige Sechs dabei ist. Was machen Sie dann? Natürlich weiterwürfeln, denn die Wahrscheinlichkeit, daß jetzt eine Sechs kommt, ist größer denn je. Und genauso ist es auch im Vertrieb. Wenn Sie einmal eine richtige »Pechsträhne« haben, dann machen Sie einfach weiter, denn dann sind Sie dem Erfolg näher, als Sie glauben!

Ich weiß aus eigener Erfahrung, daß sich das leichter sagen als in die Praxis umsetzen läßt. Aber immer wenn Sie sich in einer solchen Lage befinden, dann denken Sie einmal darüber nach, was Sie in letzter Zeit denn so für Ihre Ziele getan haben. Hatten Sie genug Termine? Haben Sie sich genügend angestrengt? Wenn nicht, dann wissen Sie ja, was Sie in Zukunft tun müssen.

Kämpfen Sie also für Ihre Ziele, denn die Statistik arbeitet nur für sie. Sie sind ab jetzt ein Geschäftsmann, also benehmen Sie sich auch so. Ein Geschäftsmann ist immer gut gekleidet und auch gut gelaunt. Also richten Sie sich danach. Wenn Sie einmal ein Problem oder, besser gesagt, eine ungelöste Aufgabe haben, dann wenden Sie sich damit an Ihren Strucki. Erzählen Sie es nicht Ihren Kollegen und schon gar nicht Ihren Mitarbeitern. Sie müssen einfach den Erfolg ausstrahlen, den Sie haben wollen. Dann wird sich der Erfolg früher oder später auch einstellen.

Denken Sie nur noch positiv

Als ich im Vertrieb begonnen habe, da kam mir der ganze Laden am Anfang sehr verdächtig vor, denn die hatten alle gute Laune, die freuten sich alle, und jeder von ihnen war freundlich zum anderen. Das kam mir ziemlich merkwürdig vor, bis mir jemand erklärte, daß das mit der positiven Einstellung zusammenhängt, die man im Vertrieb vermittelt bekommt. Nun, habe ich mir gedacht, in einer Sekte wollte ich eigentlich nicht landen. Mir wurde jedoch erklärt, daß man mit einer positiven Einstellung einfach besser durch das Leben kommt, denn mit einer miesen Einstellung oder Laune hilft man niemandem, am wenigsten sich selbst.

Denken auch Sie ab jetzt einfach positiv. Beim positiven Denken stoße ich sehr oft auf Widerstand. Die Leute sagen da einfach: »Wissen Sie, das mit dem positiven Denken ist doch ein Unfug. Ich bin Realist, also denke ich auch realistisch.« Natürlich bin ich auch ein Realist und weiß selbst, daß es nichts nützt, wenn ich mich in die Ecke setze und denke: »Ich werde jetzt erfolgreich.« Dadurch ist noch niemand erfolgreich geworden.

Aber wie will ich denn erfolgreich werden, wenn ich nicht an meinen eigenen Erfolg glaube? Sollen die anderen Leute mich erfolgreich machen? Mit Sicherheit nicht! Im Gegenteil, von den anderen Leuten hören Sie nur Sprüche wie: »Schuster, bleib bei deinem Leisten« oder »Erfolg ist doch nur etwas für Leute, die studiert haben, also hör mit dem Unsinn auf.« Und genau diese Denkweise will ich Ihnen ausreden. Sie selbst haben es in der Hand, erfolgreich zu werden.

Sie selbst können entscheiden, was Sie aus Ihrem Leben machen wollen. Eine positive Einstellung bedeutet einfach, auch beim größten Mißerfolg immer noch an sich selbst zu glauben, sich das Beispiel mit dem Würfel vor Augen zu halten und mit dem gleichen Enthusiasmus weiterzumachen, mit dem Sie begonnen haben. Sie werden im Vertrieb Höhen und Tiefen erleben. Sie werden auf Kunden stoßen, die Sie auch mit den besten Argumenten nicht überzeugen können. Wenn Ihnen jemand erzählt, daß es im Vertrieb nur Erfolg gibt, dann lügt er.

Arbeiten Sie also konsequent weiter, denn nach jedem Mißerfolg wird auch wieder ein Erfolg kommen. Einmal Mißerfolg zu haben, also auf die Nase zu fallen, ist keine Schande. Aber es ist eine Schande, dann liegenzubleiben und aufzugeben. Es ist eine Erfahrung im Vertrieb, daß man immer kurz vor einem großen Erfolg auch eine große Niederlage erleidet. Fragen Sie mich bitte nicht, warum das so ist, ich weiß es nicht. Als mir dieses Prinzip einmal auf einer Schulung erklärt wurde, da habe ich auch nur darüber gelächelt. Im Laufe der Zeit hat sich diese Weisheit bei mir jedoch bestätigt. Vielleicht ist es ein Prüfstein des Schicksals, um zu testen, wer den Erfolg wirklich verdient, denn bei einer solchen scheinbaren Niederlage geben die meisten viel zu schnell auf. Geben Sie also niemals auf, und der Erfolg wird Sie belohnen.

Ich weiß es selbst, daß man bei einem Mißerfolg an alles andere, nur nicht an Erfolg denken kann. Deshalb denken Sie nicht an das Wort »Erfolg«, sondern an Erfolgserlebnisse, die Sie hatten. Durchleben Sie diese Situationen noch einmal. Freuen Sie sich genauso wie damals, als Sie das Erfolgserlebnis hatten.

Wenn Sie nämlich in eine negative Stimmung geraten, dann merkt das jeder Mensch, der mit Ihnen etwas zu tun hat. Wenn Sie dann Termine vereinbaren, kann es nur schiefgehen! Dann wird es ein richtiger Teufelskreislauf: negative Stimmung → keine Termine → noch negativere Stimmung → noch weniger Termine.

Diesen Teufelskreislauf können nur Sie durchbrechen, indem Sie beginnen, sich über Niederlagen keine Gedanken mehr zu machen, und daran denken, daß Erfolg und Mißerfolg einfach zusammengehören wie Tag und Nacht. Das eine kann es ohne das andere nicht geben.

»Denken« Sie sich also Ihren Erfolg herbei, denn mit einem fröhlichen Menschen redet man gerne. Man macht auch lieber Geschäfte mit einem fröhlichen Menschen.

In diesem Kapitel sprachen wir über sehr viele Dinge, die man nicht einfach so in die Praxis umsetzen kann, sondern an denen man konsequent und immer wieder arbeiten muß. Lesen Sie deshalb dieses Kapitel so lange, bis Sie glauben, diese Punkte erfüllen zu können. Sie werden dann merken, daß es immer besser funktioniert, bis Sie es irgendwann einmal automatisch machen. Vergessen Sie nie, daß Erfolg lernbar ist!

Die Zusammenfassung

1. Beherrschen Sie die Kenntnisse über Ihre Produkte bis ins kleinste Detail!

2. Halten Sie täglichen Kontakt zu Ihrem Strucki.

3. Geben Sie die erforderlichen Unterlagen pünktlich ab.

4. Denken Sie daran: Die Statistik arbeitet immer für Sie!

5. Denken Sie positiv.

Sie selbst bestimmen Ihren Erfolg!

6. Kapitel

Ihr Firmenaufbau

Selbstverständlich wollen Sie nicht nur verkaufen, sondern sich nebenbei auch noch eine eigene Struktur aufbauen, an deren Umsatz Sie später anteilmäßig mitverdienen. Überlassen Sie allerdings diesen Firmenaufbau Ihrem Strucki, bis Sie selbst die nächste Stufe erreicht haben und Ihre Struktur selbst führen können. In den meisten Firmen wird es so gehandhabt, daß der Umsatz, den Ihre Struktur schreibt, Ihnen zum Erreichen der nächsten Stufe gutgeschrieben wird.

Der größte Fehler, den man hier machen kann, liegt in folgender Aussage, die ich öfters von Neulingen zu hören bekam und immer noch bekomme: »Ich will erst die nächste Stufe erreichen, dann stelle ich mir selbst Mitarbeiter ein und verdiene selbst Geld daran.« Die nächste Stufe aus eigener Kraft zu erreichen dauert jedoch viel länger, als wenn Sie Mitarbeiter haben. Ist ja auch verständlich, denn drei oder vier Leute schaffen das in einer Woche, wozu ein einzelner drei oder vier Wochen braucht.

Wenn Sie also schnell an Ihren Mitarbeitern Geld verdienen wollen, dann sollten Sie Ihren Strucki auch schnell für Sie Mitarbeiter einstellen lassen. Sie selbst können dabei zuhören und haben später, wenn Sie darauf geschult werden, Mitarbeiter einzustellen, schon einen eigenen Erfahrungsschatz, den man selbst mit hundert Schulungen nicht erreichen kann. Weiterhin können Sie so schon von Anfang an Ihrem Strucki bei der Mitarbeiterführung zuschauen und so den einen oder anderen Tip schon frühzeitig mitbekommen.

Die andere Seite ist, daß Sie im Augenblick kein Geld an Ihren Mitarbeitern verdienen. Ihnen wird lediglich der Umsatz zum Erreichen der nächsten Stufe gutgeschrieben. Aber was Ihnen da »verlorengeht«, können Sie sich ja selbst anhand Ihres Karrieremodells ausrechnen. Das wird mit Sicherheit ein Betrag sein, der nicht allzu hoch ist. Wenn man jedoch beide Seiten auf die Waagschale legt, dann kann man eindeutig nur raten, sofort Mitarbeiter einzustellen. Ihr Einkommen steigt so mindestens viermal so schnell, als wenn Sie warten, bis Sie die nächste Stufe allein erreicht haben.

Den Grundstein für Ihre Firma in der Firma haben Sie ja bereits gelegt. Sie haben schon mit Ihrem Strucki eine Namenliste angefertigt. Suchen Sie nun mit ihm die Leute heraus, die Ihrer Meinung nach als Mitarbeiter für Sie in Frage kommen. Denken Sie dabei daran, daß Sie später mit Ihren Mitarbeitern klarkommen müssen und nicht Ihr Strucki. Wählen Sie Ihre Mitarbeiter also dementsprechend aus.

Die telefonische Terminvereinbarung mit potentiellen Mitarbeitern

Als nächstes vereinbaren Sie mit Ihren potentiellen Mitarbeitern telefonisch Termine. Rufen Sie einfach an, und beginnen Sie mit Ihren Bekannten ein ganz belangloses Gespräch. Fragen Sie dann, ob sie Interesse haben, nebenbei Geld zu verdienen. So gut wie immer fragt der andere dann, worum es denn dabei gehe. Ab jetzt haben Sie zwei Möglichkeiten: Entweder Sie machen selbst den Termin aus, oder Sie übergeben das Gespräch Ihrem Strucki.

Wenn Sie Ihrem Strucki übergeben, dann sagen Sie einfach: »Warte mal einen Augenblick, ich verbinde dich mit jemandem, der dir das besser erklären kann.« Ohne eine Antwort abzuwarten, reichen Sie dann den Hörer an Ihren Strucki weiter. Er macht dann einen Termin mit Ihrem Bekannten aus.

Besser ist es jedoch, wenn Sie den Termin selbst vereinbaren. Sagen Sie in dem Fall einfach: »Paß mal auf, da kommst du einfach mal in mein Büro, da trinken wir eine Tasse Kaffee, und dabei erkläre ich dir das Ganze einmal. Wann kannst du denn kommen, heute noch oder lieber erst morgen?« Sie wissen ja schon, daß es wichtig ist, keine Informationen am Telefon zu geben. Verweisen Sie immer wieder darauf, daß Ihr Bekannter sich überraschen lassen soll. Laden Sie ihn ganz ungezwungen ins Büro ein. Dort wird Ihr Strucki, natürlich gemeinsam mit Ihnen, auch ein ganz lockeres Gespräch mit ihm führen.

Das Einstellungsgespräch aus Ihrer Sicht

Im Büro empfangen Sie Ihren zukünftigen Mitarbeiter dann in perfekter Kleidung. Das ist, wie schon besprochen, der Anzug. Diesmal gibt es jedoch überhaupt keine Ausnahme. Immer wenn Sie das Büro betreten, müssen Sie perfekt gekleidet sein. Selbst wenn Sie nur mal eben schnell etwas holen wollen. Stellen Sie sich vor, Sie empfangen Ihren zukünftigen Mitarbeiter, und da kommt ein Kollege, der hauptberuflich Maurer ist, in seiner Arbeitskleidung herein. Der ganze Eindruck, den Sie bis jetzt aufgebaut haben, ist mit einem Mal weggewischt. Und da Sie nicht wissen können, was gerade im Büro passiert, dürfen Sie das Büro nur perfekt gekleidet betreten.

Führen Sie Ihren neuen Mitarbeiter durch die Büros, und stellen Sie ihm dabei einige Kollegen vor. Als letztes führen Sie ihn zu Ihrem Strucki. Stellen Sie dabei Ihren Strucki als Ihren Chef vor. Ab diesem Augenblick dürfen Sie überhaupt nichts mehr sagen, außer Sie werden von Ihrem Strucki dazu aufgefordert. Er wird sowieso nur Fragen an Sie stellen, die Sie auf jeden Fall bejahen müssen. Wenn Ihr Bekannter Sie zwischendurch mal fragend anschauen sollte, dann nicken Sie ihm auffordernd zu. So als wollten Sie ihm sagen, daß Ihre Firma auch das absolut Richtige für ihn wäre.

Ihr Strucki ist geschult worden, wie man neuen Leuten den Strukturvertrieb schmackhaft macht. Er wird dabei auch sogenannte Spannungsbögen aufbauen. Wenn Sie ungefragt mitreden, genügt ein einziges Wort, um die Arbeit Ihres Struckis zu zerstören. Selbst wenn Sie glauben, daß Sie Ihrem Strucki jetzt helfen müssen, weil hier noch unbedingt dieses oder jenes Argument dazupaßt, behalten Sie es lieber für sich. Ihr Strucki weiß genau, was er sagen muß.

Wenn Sie sich nicht an diese Regeln halten, dann schaden Sie vor allem sich selbst! Ihr Strucki wird seine ganze Kraft einsetzen, um Ihren Mitarbeiter einzustellen. Stören Sie ihn also nicht bei seiner Arbeit, denn wenn Sie das Einstellungsgespräch verpfuschen, dann haben Sie sich selbst um einen möglichen Mitarbeiter gebracht. Oft reicht ein einziges Wort, das der andere falsch versteht, und er lehnt eine Mitarbeit ab. Überlassen Sie daher das Einstellungsgespräch ganz allein Ihrem Strucki.

Wenn Ihr Strucki das Einstellungsgespräch beendet hat, dann begleiten Sie Ihren Bekannten zur Tür. Fordern Sie ihn dabei zum Sprechen auf. Fragen Sie ihn: »Und, was sagst du dazu?« oder: »Hast du noch irgendwelche Fragen?« Wenn er Ihnen jetzt irgendwelche konkreten Fragen stellt, dann verweisen Sie ihn auf die Einführungsschulung.

In den meisten Vertrieben erfolgt der Einstieg über eine Einführungsschulung, in der die neuen Mitarbeiter alle wichtigen Informationen und Unterlagen für ihre neue Tätigkeit erhalten. Dieses Seminar ist kostenlos, und der Mitarbeiter muß nur seine Verpflegung und gegebenenfalls seine Übernachtung selbst bezahlen.

Sprechen Sie ab sofort mit Ihrem Bekannten nur noch über diese Einführungsschulung oder das Einführungsseminar, wie es auch oft genannt wird. Erzählen Sie ihm, wie toll dieses Seminar ist. Erzählen Sie von dem Hotel oder vom Ort, wo das Seminar stattfindet. Erzählen Sie von den motivierenden Referenten, die das Seminar leiten, von der tollen Stimmung oder dem guten Essen. Kurz gesagt, erzählen Sie alle Dinge, die Ihnen selbst gut gefallen haben.

Auf keinen Fall dürfen Sie aber etwas vom Inhalt des Seminars erzählen! Wenn Fragen nach dem Inhalt gestellt werden, dann verweisen Sie auf das Seminar. Sie dürfen auf keinen Fall irgend etwas vom Inhalt des Seminars erzählen. Antworten Sie einfach: »Dieses Thema wird auf dem Seminar ganz genau durchgegangen, und ich will hier nicht vorgreifen, weil du dich sonst auf dem Seminar langweilst.«

Vielleicht denken Sie, daß das alles ein bißchen übertrieben ist und wie ein großes Geheimnis behandelt wird. Sie wissen natürlich, daß es an sich nicht geheimnisvoll ist. Es geht lediglich darum, daß Ihr Mitarbeiter das Seminar ohne irgendwelche Vorurteile besucht und sich dort selbst ein Bild macht. Tun Sie deshalb Ihr möglichstes, um ihn zum Besuch des Seminars zu verleiten. Erzählen Sie ihm, wie toll das Seminar ist. Sagen Sie ihm, daß er es auf keinen Fall versäumen darf; wenn es ihm nicht gefallen sollte, dann hat er zumindest etwas dazugelernt. Er geht damit keinerlei Verpflichtung ein, denn das Seminar ist unverbindlich.

Denken Sie auch immer daran, welche Chance Sie Ihrem Bekannten geben. Sie brauchen also nicht zu betteln. Andererseits nehmen Sie Ihrem Bekannten die Chance, etwas aus seinem Leben zu machen, wenn Sie sich nicht bemühen, ihn auf das Seminar zu bringen. Es ist Ihre Pflicht, alles zu tun, daß Ihr Bekannter seine Chance auch wahrnimmt.

Ab sofort ist Ihr Bekannter wie ein Mitarbeiter zu behandeln. Erzählen Sie ihm, wie gut es Ihnen im Vertrieb gefällt. Wenn Sie schon Erfolgserlebnisse gehabt haben, dann erzählen Sie ihm auch davon, allerdings ohne Details aus dem Verkaufsgespräch. Falls Sie noch keine Erfolgserlebnisse gehabt haben und Ihr Bekannter Sie fragen sollte, wie es denn so läuft, dann erklären Sie ihm, daß Sie sich selbst noch in der Ausbildungszeit befinden. Lügen Sie auf keinen Fall Ihre Kunden oder Ihre Mitarbeiter an, denn irgendwann kommt so etwas immer heraus, und dann sind Sie für immer unglaubwürdig.

Falls Ihr Strucki es einmal nicht schaffen sollte, einen Mitarbeiter für Sie einzustellen, dann seien Sie ihm bitte nicht böse. Beim Einstellungsgespräch gibt es, wie beim Verkaufsgespräch auch, das Gesetz der Statistik. Ein gewisser Anteil von Kunden und Mitarbeitern wird immer nein sagen, damit müssen Sie leben. Je mehr Kunden Sie besuchen bzw. je mehr Leute Sie Ihrem Strucki zum Einstellungsgespräch bringen, desto größer werden Ihre Erfolge sein.

Lassen Sie sich durch nichts von Ihrem Weg abbringen. Nutzen Sie auch die Gelegenheit, so viele Einstellungsgespräche wie möglich von Ihrem Strucki zu hören. Sie werden immer etwas dazulernen. Das wird sich spätestens dann bemerkbar machen, wenn Sie selbst Einstellungsgespräche führen. Bis dahin lernen und verkaufen Sie so viel, wie Sie nur können.

Rechnen Sie sich einmal aus, wieviel Sie an einem Mitarbeiter verdienen, den Sie bis in die höchste Stufe geführt haben. Nehmen Sie notfalls Ihren Strucki zu Hilfe. Da kommt sehr leicht ein sechsstelliger Betrag heraus. Das ist eine Menge Geld! Dafür lohnt es sich schon einmal, hart zu arbeiten und auch ein paar Niederlagen in Kauf zu nehmen. Andererseits bieten Sie den Leuten, die Sie zum Einstellungsgespräch bringen, die Chance, dasselbe zu tun.

Wenn jemand dieses Prinzip und die Chance, die ihm der Vertrieb bietet, wirklich verstanden hat, dann wird er sich von nichts mehr davon abbringen lassen. Immer wenn Sie einmal eine Niederlage erleiden und glauben, daß es nicht mehr weitergeht, dann rufen Sie Ihren Strucki an, oder lesen Sie dieses Buch. Es ist mit Absicht so geschrieben, daß es Sie motiviert. Untersuchen Sie deshalb nicht das psychologische Grundkonzept dieses Buches, sondern lassen Sie sich einfach von der Begeisterung anstecken!

Versuchen Sie also das Beste für sich selbst herauszuholen. Sie sollten auf jedem Seminar fünf neue Mitarbeiter haben. Ich weiß, dieses Ziel ist hoch, wenn man es auf Dauer halten will, aber arbeiten Sie immer wieder daran, Sie werden den Erfolg auf Ihrer Abrechnung mit Freuden registrieren. Denn nur daran können Sie erkennen, wie gut Sie wirklich sind. Geben Sie also Ihr Bestes!

Die Zusammenfassung

1. Analysieren Sie Ihre Namenliste auf mögliche Mitarbeiter.

2. Vereinbaren Sie mit Ihrem Strucki Termine.

3. Betreten Sie das Büro nur in korrekter Geschäftskleidung.

4. Halten Sie während des Einstellungsgespräches Ihren Mund.

5. Reden Sie nicht über den Inhalt, sondern nur über den Rahmen des Seminars.

Jeder, den Sie kennen, ist ein potentieller Mitarbeiter!

7. Kapitel

Die richtige Zeitplanung

Besonders als selbständiger Vertriebsmann erlebt man immer wieder Tage, an denen man glaubt, eine ganze Menge gearbeitet zu haben. Doch wenn man dann analysiert, was man eigentlich gearbeitet hat, dann stellt man fest, daß es einen überhaupt nicht weitergebracht hat. Man hat einen ganzen Tag oder vielleicht sogar noch länger einfach irgendwelchen absolut überflüssigen Kram erledigt. Sie kennen bestimmt den Spruch: Zeit ist Geld. Um sich ihr Geld einzuteilen, unternehmen die Leute die sonderbarsten Dinge. Sie fragen die Schalterangestellten der Banken oder stellen sogar Vermögensberater ein. Wenn es jedoch um ihre Zeit geht, dann gehen sie damit so verschwenderisch um, als hätten sie noch Millionen davon auf einer »Zeitbank« deponiert.

Als Selbständiger werden Sie nicht für Ihre Anwesenheit, Ihren Zeitaufwand oder Ihre Leistung bezahlt, sondern nur für Ergebnisse. Überlegen Sie sich deshalb genau, worin Sie Ihre Zeit und Ihre Energie investieren wollen. Ob es vielleicht nicht doch wichtiger ist, Termine zu vereinbaren, als irgendwelche Ordner im Büro oder daheim neu zu sortieren? Schauen wir uns deshalb einmal an, wie man im Vertrieb seine Zeit am sinnvollsten einteilt.

Effektives Arbeiten während der verkaufsaktiven Zeit

Das Wichtigste ist die verkaufsaktive Zeit. Das ist die Zeit, in der Sie die meisten Kunden antreffen. Wenn Sie an Privatkunden verkaufen wollen, so eignen sich die Abendstunden am besten. Bei gewerblichen Kunden ist der Vormittag geeignet, denn am Nachmittag wandern die Gedanken Stück für Stück in Richtung Feierabend.

Verschwenden Sie diese Zeit also nicht für anderen Kram. Dies ist natürlich auch die Zeit, in der telefonisch Termine vereinbart werden. Es hat sich hier bewährt, während eines Tages in der Woche nur Termine zu vereinbaren und für den Rest der Woche zu verkaufen. Da kommt man besonders bei der Terminvereinbarung im Büro leicht in Versuchung, mit den anderen Kollegen einen gemütlichen Plausch bei einer Tasse Kaffee zu halten. Und schon ist es 21.00 Uhr, und man kann natürlich niemanden mehr anrufen, weil es zu spät ist.

Das ist ein klassischer Fall von Zeitverschwendung. Lassen Sie sich also auch nicht von anderen Kollegen ablenken, sondern gehen Sie konsequent Ihren Weg. Es gibt noch mehr solche Zeitfresser. Ihre Mahlzeiten sollten Sie auch so legen, daß sie nicht in die verkaufsaktive Zeit fallen. Sie werden nirgends um 12.00 Uhr mittags einen Termin bekommen, also legen Sie Ihre Mittagspause hier hinein. Ebenso sollten Sie Ihr Abendessen entweder gegen 17.00 Uhr oder nach 21.00 Uhr einplanen.

Eine weitere typische Zeit- und Geldverschwendung ist es, den einen Termin am einen, den anderen Termin am anderen Ende der Stadt zu machen, denn Ihr Auto fährt bestimmt nicht nur mit Luft. Hier kann man mit ein bißchen Geschick schon sehr viel erreichen, um den Zeit- und Kostenaufwand so gering wie möglich zu halten, denn der Zeitaufwand kann hier unter Umständen sehr hoch werden. Denken Sie hier nur an den Feierabendverkehr Ihrer Stadt. Die Zeit, die Sie darin verbringen, ist für Sie unwiderruflich verloren. Vermeiden Sie in Zukunft einfach den Berufsverkehr auf Ihrer Route, und Sie werden viel Zeit und Nerven sparen.

Eine gute Zeitplanung hängt immer mit einer guten persönlichen Zielsetzung zusammen. Man kann seine Zeit nicht effizient planen, wenn man nicht weiß, wofür. Wir werden uns im nächsten Kapitel noch ausführlich mit dem Thema Zielsetzung und Planung befassen.

Arbeiten Sie nur vorbereitet

Kehren wir jedoch wieder zu den Zeitfressern zurück. Um effektiv arbeiten zu können, muß man sich sorgfältig vorbereiten (nicht zu verwechseln mit planen!). Schauen wir uns das am Beispiel der Terminvereinbarung an: Ein nicht vorbereiteter Mitarbeiter wird sich ans Telefon setzen und dann seine Empfehlungskärtchen hervorziehen. Kurze Zeit später wird der gesamte Schreibtisch mit Empfehlungskärtchen übersät sein, in die auch irgendwo ein oder mehrere Wochenpläne verstreut sind.

Dann wird er feststellen, daß er bei einer Empfehlung keine Telefonnummer hat. Also wird er sich im Büro auf die Suche nach einem Telefonbuch begeben, um dann diese Telefonnummer herauszufinden. Und so vergeht die meiste Zeit damit, noch weitere Telefonnummern zu suchen oder auf dem Schreibtisch ein bestimmtes Empfehlungskärtchen bzw. den Wochenplan zu finden. Am Abend ist dieser Mitarbeiter dann völlig erschöpft und weiß nicht, warum.

Der erfolgreiche Mitarbeiter dagegen kommt schon

eine halbe Stunde früher ins Büro, überträgt zunächst die Namen von den Empfehlungskärtchen in seine Namenliste und sucht gegebenenfalls noch fehlende Telefonnummern aus dem Telefonbuch heraus. Als nächstes bereitet er seinen Wochenplan vor und räumt alles Unnötige vom Schreibtisch weg. Während der Terminvereinbarung braucht er nur noch zu telefonieren und sich um überhaupt nichts anderes mehr zu kümmern.

In diesem Kapitel kann man verschiedene wichtige Dinge erkennen. Ein vollgestopfter, unübersichtlicher Schreibtisch kostet nicht nur bei der Terminvereinbarung unnötig viel Zeit und Nerven. Räumen Sie also Ihren Schreibtisch (oder den vom Strucki, falls Sie ihn mit benutzen) immer auf. Arbeiten Sie nur mit dem, was Sie wirklich brauchen. Den ganzen anderen Rest räumen Sie einfach weg, so daß Sie ihn nicht mehr sehen.

Bereiten Sie sich auf jede Aufgabe vor. Egal, was Sie machen, suchen Sie *vorher* die entsprechenden Unterlagen heraus. Sie können allein dadurch bis zu 50% des Zeitaufwandes für diese Tätigkeit sparen, denn nach jeder Unterbrechung braucht man immer eine gewisse Anlaufzeit. Der erfolgreiche Mitarbeiter in unserem Beispiel ist zwar eine halbe Stunde früher ins Büro gekommen, doch er wird es mit Sicherheit schon eine Stunde früher verlassen als sein Kollege. Sein Wochenplan ist dabei jedoch mit absoluter Sicherheit voller als der des Kollegen.

Und die wichtigste Erkenntnis, die wir hieraus ziehen, ist die folgende:

Ein Mitarbeiter ohne Erfolg arbeitet oft genausoviel wie ein erfolgreicher Mitarbeiter.

Beide Mitarbeiter in unserem Beispiel haben sich angestrengt. Beide haben viel geleistet. Und man kann dem ersten Mitarbeiter nicht den Vorwurf machen, er sei faul. Er hat lediglich nicht effizient genug gearbeitet. Und man kann hier sehen, wie dicht Erfolg und Mißerfolg beieinander liegen. Oft ist es nur eine Kleinigkeit, die darüber entscheidet, wie erfolgreich man ist. Daß der zweite Mitarbeiter erfolgreicher sein wird, da werden Sie mir bestimmt zustimmen.

Bereiten Sie sich in Zukunft also auf alle Tätigkeiten genau vor. Suchen Sie sich alle notwendigen Unterlagen schon vorher heraus, und lesen Sie diese auch, falls es notwendig ist. Das ist auch wichtig, um sich geistig auf die folgende Aufgabe einzustimmen. Treffen Sie die Vorbereitungen nicht hektisch, sonst laufen Sie Gefahr, etwas zu vergessen. Eine gute Vorbereitung erfordert auch einen entsprechenden Zeitaufwand. Wenden Sie sich dann nur noch Ihrer Aufgabe zu, und lassen Sie sich durch nichts mehr ablenken.

Wenn Sie konsequent nach dieser Technik arbeiten, dann werden Sie in Zukunft nicht nur Ihre Aufgaben konzentrierter und besser lösen, sondern auch eine Menge Zeit sparen, denn ab sofort läuft bei Ihnen das Geschäft übersichtlich ab. In der gesparten Zeit können Sie dann neue Aufgaben in Angriff nehmen oder sich Ihrer Familie bzw. Ihrem Hobby widmen.

Erledigen Sie Ihre Aufgaben sofort

Den nächsten Punkt möchte ich Ihnen besonders ans Herz legen, denn er ist sehr wichtig. Man nennt ihn »Aufschieberitis«. Das ist die üble Angewohnheit, die unangenehmen Sachen, die man erledigen muß, immer vor sich herzuschieben. Erledigen Sie solche Aufgaben einfach sofort, wenn sie anfallen.

Wenn Sie es nicht tun, dann arbeiten Sie ab sofort nur

noch mit etwa zwei Dritteln Ihrer Kraft. Der Rest ist an Ihre Aufgabe gebunden. In Ihrem Bewußtsein oder Unterbewußtsein ist diese Aufgabe wie ein ungebetener Gast eingenistet. Ihre Gedanken kehren immer wieder dahin zurück. Die negativen Gedanken (»O Gott, wenn dann … passiert!«) werden Sie mehr und mehr beherrschen.

Tun Sie sich deshalb nicht diese Qualen an, sondern erledigen Sie solche Sachen immer sofort. Stellen Sie sich einfach vor, was schlimmstenfalls passieren könnte, und nehmen Sie dann die Angelegenheit in Angriff. Selbst wenn der allerschlimmste Fall eintritt, danach können Sie wieder befreit arbeiten, denn diese Last drückt nicht mehr auf Ihre Schultern.

Ich erlebe es immer wieder, teilweise auch an mir selbst, daß man diese unangenehmen Aufgaben von einem Tag zum nächsten in seinen Terminkalender schreibt und jedesmal, wenn man die Aufgabe sieht, die Augen verdreht. Erledigen müssen Sie die Aufgabe so oder so, warum denn dann nicht gleich? Schieben Sie ab heute also keine Aufgabe mehr auf und schon gar keine unangenehme. Entscheiden Sie, ob eine Aufgabe wichtig ist, und handeln Sie danach. Wenn Sie wichtig ist, dann erledigen Sie die Aufgabe sofort. Ist sie unwichtig, dann erledigen Sie sie überhaupt nicht. Streichen Sie dann die Aufgabe unverzüglich aus Ihrem Terminkalender und aus Ihrem Gedächtnis.

Planen Sie richtig

Wenn Sie nun Ihre Zeit planen, dann tun Sie es immer schriftlich. Viele haben irgendeinen Zeitplan irgendwo in ihrem Kopf. Mehr brauche ich dazu wahrscheinlich nicht mehr zu sagen, denn selbst wenn man da nichts vergißt, hat man immer geistigen Streß, und der bindet unnötig Ihre Energie. Albert Einstein hatte nicht mal seine eigene Telefonnummer im Kopf. Er schlug sie lieber im Telefonbuch nach, als sie auswendig zu lernen, weil sie ihn sonst unnötig belastet hätte und er einen freien Kopf zum Überlegen brauchte. Vielleicht haben Sie diese Geschichte auch schon gehört. Ich weiß nicht, ob sie wahr ist oder nicht, aber sie leuchtet mir ein.

Belasten Sie in Zukunft Ihren Kopf auch nicht mehr mit unnötigem Ballast. Notieren Sie sich in Zukunft jede Kleinigkeit in Ihren Terminkalender, und Sie brauchen nie mehr Angst zu haben, etwas zu vergessen. Notieren Sie die Aufgabe gleich für den Tag und die Uhrzeit, wenn Sie sie ausführen wollen.

Wenn Sie jetzt eine Aufgabe erledigt haben, dann haken Sie sie einfach ab. Streichen Sie bitte nichts durch, denn vielleicht müssen Sie irgendwann einmal etwas nachvollziehen. Wenn Sie es nicht geschafft haben, dann notieren Sie die Aufgabe noch einmal für den nächsten oder für den passenden Tag. Auf diese Weise geht sie nicht vergessen.

Erledigen Sie die Aufgaben nicht einfach ziellos. Entscheiden Sie, was wichtig ist. Das erledigen Sie zuerst und dann den Rest. Auch dann, wenn eine unangenehme Aufgabe wichtig ist, wird sie ja nicht mehr aufgeschoben, oder? Das ist besonders wichtig, wenn man eine Menge Routinearbeiten zu erledigen hat.

Planen Sie immer am Abend den nächsten Tag. Wenn Sie dann schlafen gehen, dann brauchen Sie sich überhaupt keine Gedanken mehr zu machen, denn Sie haben sich schon vorbereitet. Sie wissen genau, was Sie tun müssen, und mit der restlichen Energie, die Sie übrig haben, können Sie tun, was Sie wollen.

Im Anschluß an dieses Kapitel finden Sie ein Beispiel für einen Wochenplan. Zuerst ist ein leerer Wochenplan abgebildet, den Sie für sich kopieren und verwenden können. Daneben finden Sie einen komplett ausgefüllten Wochenplan aufgezeichnet. Beachten Sie dabei, daß ein Wochenplan absolut sauber ausgefüllt wird. Dazu gehört, daß Linien nur mit Lineal gezeichnet werden. Wenn Sie das für übertrieben halten, dann warten Sie einmal ab, bis Sie als Führungskraft Wochenpläne Ihrer Mitarbeiter bekommen! Da muß man bei manchen schon fast ägyptische Schriftzeichen entziffern.

Füllen Sie also Ihre Wochenpläne peinlichst sauber aus, und verlangen Sie später von Ihren Mitarbeitern genau dasselbe. Wenn Sie sich zum Vergleich irgendwelche Unterlagen von Firmen anschauen, dann erkennen Sie darin auch die Sorgfalt, mit der sie erstellt wurden. Sie als frisch gebackener Selbständiger müssen das automatisch annehmen, wenn Sie erfolgreich werden wollen. Sie würden ja auch kein Angebot einer Firma annehmen, das auf ein Butterbrotpapier geschmiert ist. Deshalb arbeiten Sie selbst mit der Sorgfalt, die Sie auch von anderen erwarten.

In Ihren Wochenplan tragen Sie zuerst Ihre feststehenden Termine ein. Das sind in unserem Beispiel Ihr Hauptberuf, die Privattermine und die Bürotermine. Zu diesen Zeiten können Sie keine anderen Termine führen. Deshalb werden sie zuerst eingetragen. Als nächstes tragen Sie die Felder für Verkaufsgespräche ein. Sie sind der Einfachheit halber mit VG abgekürzt. Da machen Sie einfach leere Kästchen. So können Sie dann bei der Terminvereinbarung auf einen Blick erkennen, wann Sie einen passenden Termin mit einem Kunden vereinbaren können. Das ist, in meinen Augen, ein vorbereiteter Wochenplan, mit dem man vernünftig Termine vereinbaren kann.

Bei der Terminvereinbarung müssen Sie dann nur noch in die leeren Felder die Namen der Kunden eintragen. Die Telefonnummer tragen Sie deshalb ein, damit Ihr Strucki Sie erreichen kann, wenn es aus irgendwelchen Gründen einmal notwendig sein sollte. Wenn Sie den Tip aus dem Kapitel Terminvereinbarung nutzen wollen und Ihre Termine doppelt legen, dann erstellen Sie einen zweiten, sogenannten Ausweichwochenplan.

Wenn Sie jetzt, mit viel Mühe, einen Wochenplan erstellt haben, dann führen Sie ihn mit absoluter Konsequenz auch aus. Da wird nichts mehr verändert, verschoben oder sonst etwas. Nichts auf der Welt kann so wichtig sein, daß es Ihren Wochenplan durcheinanderbringen könnte. So, und nur so, kommen Sie an Ihr Ziel.

Eine Kopie des Wochenplans bekommt, wie schon besprochen, Ihr Strucki. Mit ihm analysieren Sie die vergangene Woche und besprechen dann die kommende Woche. So kann auf Ihrem Weg zum Erfolg nichts mehr schiefgehen – vorausgesetzt, Sie halten sich zuverlässig an diese Punkte.

Die Zusammenfassung

1. Nutzen Sie die verkaufsaktive Zeit.

2. Bereiten Sie sich immer gründlich vor.

3. Erledigen Sie alle anfallenden Aufgaben immer sofort.

4. Planen Sie nur schriftlich.

5. Entscheiden Sie, welche Aufgaben wichtig sind, und erledigen Sie diese zuerst.

Ihre Zeit läuft unwiderruflich ab,
also nutzen Sie sie!

Wochenplan vom ____________ bis zum ____________ Mitarbeiternummer ________ Name ______________

	Montag	Dienstag	Mittwoch	Donnerstag	Freitag	Samstag	Sonntag
7.00– 8.00 Uhr							
8.00– 9.00 Uhr							
9.00–10.00 Uhr							
10.00–11.00 Uhr							
11.00–12.00 Uhr							
12.00–13.00 Uhr							
13.00–14.00 Uhr							
14.00–15.00 Uhr							
15.00–16.00 Uhr							
16.00–17.00 Uhr							
17.00–18.00 Uhr							
18.00–19.00 Uhr							
19.00–20.00 Uhr							
20.00–21.00 Uhr							
21.00–22.00 Uhr							

Wochenplan vom 3.8.93 bis zum 9.8.93 Mitarbeiternummer 0815 Name Muster

	Montag	Dienstag	Mittwoch	Donnerstag	Freitag	Samstag	Sonntag
7.00– 8.00 Uhr							
8.00– 9.00 Uhr							
9.00–10.00 Uhr							
10.00–11.00 Uhr						KD Hr. Alt	
11.00–12.00 Uhr		Hauptberuf				KD Fr. Jung	
12.00–13.00 Uhr							Privat
13.00–14.00 Uhr						Büro Training	
14.00–15.00 Uhr						Verkaufsgespr.	
15.00–16.00 Uhr					Büro Training		
16.00–17.00 Uhr					Terminvereinb.		
17.00–18.00 Uhr	VG. Hr. Müller		VG Hr. Schmidt	VG Fam. Horn	TV	VG Hr. Breit	
18.00–19.00 Uhr	0911/123456	Privat	0911/123458	0911/999333		09191/1923	
19.00–20.00 Uhr							
20.00–21.00 Uhr	VG Hr. Maier		VG Fr. Schulz	VG Hr. Ort	Schulung		
21.00–22.00 Uhr	0911/123457		0911/987684	09131/1298			

8. Kapitel

Zielsetzung und Planung

Ich weiß zwar nicht, was ich will, aber ich will es auf jeden Fall. Als ich diesen oder einen ähnlichen Spruch zum ersten Mal gehört habe, fand ich ihn ganz lustig. Als ich mich jedoch in meiner Struktur, und natürlich bei mir selbst auch, einmal gründlich in bezug auf Ziele umgeschaut habe, da ist mir das Lachen schnell vergangen. Die meisten, mich eingeschlossen, haben nach diesem Motto gearbeitet. Da wurden verbissen Termine vereinbart, und es wurde über die eigene Leistung geschimpft; als ich jedoch fragte, wofür die Leute gearbeitet haben, da erhielt ich meistens ein verlegenes Schulterzucken oder ein »Für den Erfolg natürlich« zur Antwort.

Was aber ist Erfolg? Warum arbeiten Sie überhaupt? Warum haben Sie im Vertrieb begonnen? Werden Sie sich über diese Fragen klar. Legen Sie fest, was Sie in einem Jahr, in fünf Jahren, in zehn Jahren und in fünfzehn Jahren erreichen wollen. Machen Sie diese Planung, und legen Sie dann Zwischenziele für Ihr Hauptziel fest. Sie haben noch gar kein Ziel? Dann lesen Sie bitte erst weiter, wenn Sie ein Ziel schriftlich fixiert haben. Denn Sie wissen doch noch von der Zeitplanung her, daß man seine Aufgaben sofort erledigen soll. Legen Sie also auch jetzt gleich Ihre Ziele fest.

Planen Sie schriftlich

Sie kennen dies auch schon von der Zeitplanung her, daß man immer schriftlich planen soll. Schreiben Sie darum jetzt auf, was Sie erreichen wollen, wenn Sie ein festes Ziel haben, wofür Sie Ihre ganze Energie konzentriert einsetzen können, damit Sie jeden Tag schwarz auf weiß sehen, warum Sie sich anstrengen und wo Sie am Ende sein werden. Ohne Ziel zu arbeiten ist genauso, als ob ein Läufer irgendwohin läuft, ohne zu wissen, wo das Ziel ist. Er kann sich dann seine Kraft nicht einteilen und weiß auch nicht, wann er den Endspurt starten muß.

Stecken Sie sich also zuerst Ihre Ziele. Machen Sie sich dabei keine Gedanken, ob Sie die Ziele erreichen oder nicht. Legen Sie einfach das als Ziel fest, was Ihnen schon immer gefallen hat. Man kann jedes Ziel erreichen, wenn man sich nur stark genug anstrengt. Arbeiten Sie hinterher einen Plan aus, wie Sie Ihre Ziele erreichen. Das geht ganz leicht, wie Sie gleich feststellen werden. Rechnen Sie sich genau aus, wieviel Geld Sie für Ihre Ziele benötigen. Wir gehen hier nur von materiellen Zielen aus; bei anderen Zielen, beispielsweise bei ideellen, gehen Sie ähnlich vor.

Ziele sind nicht immer Ziele

Machen wir uns kurz ein paar Gedanken über ein Ziel. Wie sollte ein Ziel denn eigentlich aussehen? Als erstes sollten Sie dieses Ziel genau kennen. Diesen Punkt belächeln die meisten meiner Seminarteilnehmer. Nun, so lachhaft ist er nicht. Wenn Sie nur von etwas träumen und zu sich sagen: »Das wäre schon toll, wenn ich einmal das und das hätte«, dann ist das nur ein Traum, aber noch lange kein Ziel. Wenn

Sie dagegen etwas wirklich haben wollen und bereit sind, auch Opfer dafür zu bringen, dann sind wir der Sache schon nähergekommen. Überlegen Sie sich also, ob Sie einfach nur Träume oder tatsächlich Ziele vor Augen haben. Stellen Sie sich doch einfach einmal vor, Sie hätten Ihr Ziel schon erreicht. Wie wäre es denn dann? Können Sie es sich so richtig vorstellen, auch mit allen Details? Fühlen Sie sich gut dabei?

Dann legen Sie als nächstes den Zeitpunkt fest, bis wann Sie dieses Ziel erreichen wollen. Ohne einen festen Zeitpunkt arbeitet man einfach ins Blaue hinein. Hat man dagegen einen festen Zeitpunkt, bis wann man sein Ziel erreicht haben will, dann spornt das einen selbst auch immer wieder an.

Beachten Sie dabei aber bitte, daß es realistisch sein soll. Es geht einfach nicht, daß man innerhalb einer Woche ein Millionär wird. Das kann man noch so sehr wollen und sich noch so sehr anstrengen, man kann dieses Ziel wahrscheinlich nur mit einem Lottogewinn oder etwas Ähnlichem erreichen. Andererseits sollte das Ziel auch nicht zu leicht erreichbar sein, denn sonst nimmt man es nicht mehr ernst. Ein Ziel sollte einfach unter Anstrengung erreichbar sein. Wenn diese Punkte alle schriftlich festgehalten sind, dann können Sie sagen, daß Sie ein Ziel und keinen Traum mehr haben.

Planen Sie nicht mit irgendwelchen ungefähren Zielen, sondern nur auf den Pfennig genau. Wenn Sie jetzt genau wissen, wieviel Sie benötigen und bis wann Sie es haben wollen, kann die eigentliche Arbeit beginnen. Wir schauen uns jetzt eine Beispielrechnung für ein halbes Jahr an, denn in den meisten Vertrieben wird der Umsatz pro Halbjahr gewertet. Bei einer längeren Planung können Sie genauso vorgehen.

Ihre persönliche Zielsetzung

Als erstes legen Sie wieder Ihr Ziel, in diesem Fall also den Halbjahresumsatz, fest. Anschließend machen Sie sich klar, was Sie für Ihr Ziel leisten wollen. Der Strukturvertrieb verleitet sehr leicht dazu, daß man sich auf Mitarbeiter und deren Leistung verläßt. Deshalb befassen wir uns zuerst mit Ihrem Eigenumsatz. Tragen Sie, wie in der Beispielplanung, jeden Monat den Umsatz, den Sie selbst beim Kunden erreichen wollen, in die entsprechende Spalte (ZIEL) ein.

Tragen Sie hier nicht einfach irgendwelche Zahlen ein, denn was Sie jetzt eintragen, das müssen Sie anschließend auch verwirklichen. Wer Sie dazu zwingt? Entweder Sie selbst oder niemand. Wenn Sie hinterher Ihre Ziele nicht verwirklichen, dann werden Sie eben Ihr ganzes Leben lang ein Hans Durchschnitt bleiben. Legen Sie also Ziele fest, die Sie erreichen wollen und auch erreichen werden.

Als nächstes gehen wir monatlich vor. Legen Sie fest, wie viele Mitarbeiter Sie, natürlich gemeinsam mit Ihrem Strucki, im ersten Monat gewinnen wollen. Wenn Sie schon Mitarbeiter haben, dann tragen Sie die in die Spalte »Bestehende MA« ein. (MA ist die Abkürzung für Mitarbeiter.) Den Umsatz, den Sie den bestehenden Mitarbeitern zutrauen, tragen Sie in die Spalte »Umsatz best. MA« ein. Tragen Sie jetzt in die Spalte »Neue dir. MA« die Anzahl der Mitarbeiter ein, die Sie selbst im ersten Monat gewinnen wollen. Und in die Spalte »Neue ind. MA« (neue indirekte Mitarbeiter) tragen Sie die Anzahl der Mitarbeiter ein, die Ihre bestehenden Mitarbeiter gewinnen wollen.

Bedenken Sie jetzt, daß diese neuen Mitarbeiter in diesem Monat wahrscheinlich noch wenig Umsatz schreiben werden, da Sie erst noch ausgebildet und eingearbeitet werden müssen. Tragen Sie den Umsatz, den Sie *allen* neuen Mitarbeitern (den direkten und den indirekten) zutrauen, in die Spalte »Umsatz neue MA« ein.

Seien Sie dabei aber bitte realistisch. Trauen Sie ihnen lieber ein bißchen weniger zu, und wenn der Umsatz dann doch höher ausgefallen ist, dann ist es um so besser. Zuletzt addieren Sie Ihren Eigenumsatz mit dem Umsatz der bestehenden und dem der neuen Mitarbeiter und tragen das Ergebnis in die Spalte »Gesamtumsatz mtl.« ein. Damit haben wir die Planung für den ersten Monat fast fertig. Ihr Strucki wird Ihnen jetzt ausrechnen, wie viele Termine Sie und Ihre Mitarbeiter vereinbaren müssen, damit Sie Ihr Ziel auch garantiert erreichen.

In die Spalte »Gesamtumsatz add.« schreiben Sie im ersten Monat den monatlichen Gesamtumsatz plus Ihren bestehenden Eigenumsatz. In den meisten Vertrieben bleibt der Eigenumsatz für immer bestehen, das heißt, man startet das Halbjahr dann nicht mit Null, sondern mit dem Eigenumsatz. Falls das bei Ihrer Gesellschaft nicht der Fall sein sollte, dann tragen Sie einfach den Monatsumsatz noch einmal ein.

Nehmen wir uns jetzt den zweiten Monat vor. Ihren Eigenumsatz haben Sie ja schon für das gesamte Halbjahr eingetragen, deshalb widmen wir uns gleich wieder Ihren Mitarbeitern. Wenn Sie jetzt eine Planung Ihrer Mitarbeiter haben, dann können Sie die Zahlen daraus übertragen. Deshalb ist es praktisch, erst eine Zielsetzung mit Ihren Mitarbeitern zu erarbeiten, um gleich mit deren Zahlen arbeiten zu können. Ansonsten müssen Sie sich überlegen, wieviel Ihre Mitarbeiter schaffen könnten. Greifen Sie dabei jedoch, wie besprochen, nicht zu hoch. Und vergessen Sie dabei bitte nicht, daß Sie selbst auch arbeiten sollen!

Sie dürfen niemals aufhören, selbst Umsatz zu schreiben und selbst Mitarbeiter zu gewinnen.

Das ist eine weitere Grundregel des Vertriebs. Sie kennen ja schon das Motto des Führens durch Vorbild. Fahren wir in unserer Planung fort. Die Mitarbeiter, die im ersten Monat neue Mitarbeiter waren, sind in diesem Monat bestehende Mitarbeiter. Tragen Sie also in die Spalte »Best. MA« die bestehenden und die neuen Mitarbeiter des Vormonats ein. Vergessen Sie aber bitte nicht, jeweils ein paar Mitarbeiter abzuziehen, weil immer einige auch wieder aufhören werden.

Ansonsten gehen Sie wieder so vor wie im ersten Monat. Lediglich in die Spalte »Gesamtumsatz add.« tragen Sie den additiven (zusammengezählten) Umsatz des Vormonats plus den monatlichen Gesamtumsatz ein. Bei den anderen Monaten gehen Sie genauso vor, und im sechsten Monat sollte der additive Gesamtumsatz mindestens so hoch sein wie Ihr Ziel. Ich weiß, das klingt jetzt ziemlich umständlich und kompliziert. Gehen Sie jedoch in Ihrer Planung Stück für Stück, natürlich gemeinsam mit Ihrem Strucki, so wie in der Musterplanung vor, und das Ganze ist nur noch halb so wild. Lesen Sie diesen Abschnitt einfach so lange, bis Sie die Planung selbst erstellen können.

Die Musterplanung

Im Anschluß an dieses Kapitel finden Sie eine Musterplanung. Schauen wir uns diese einmal genauer an. Neben die üblichen Eintragungen wie Name und Mitarbeiternummer tragen Sie in die Spalte Eigenumsatz die Umsatzeinheiten (oder wie immer es bei Ihnen heißt), die SIE schon selbst geschrieben haben, ein. In unserem Beispiel sind es 460. Darunter tragen Sie die Zahl der Mitarbeiter ein, die Sie schon haben.

Als nächstes wurde der Eigenumsatz für das ganze Halbjahr eingetragen (1), den Karl Muster erreichen will. In unserem Beispiel sind es 100. Sie schreiben hier natürlich IHR Ziel ein. Es kann dabei sein, daß die Zahlen aus dieser Musterplanung für Ihre Gesellschaft absolut unrealistisch erscheinen. Sie sollen Ihnen die Planung nur veranschaulichen. Legen Sie deshalb mit Ihrem Strucki fest, was für Sie realistisch zu verwirklichen ist.

Wenden wir uns nun dem ersten Monat zu. Ihre bestehenden Mitarbeiter tragen Sie noch einmal in die entsprechende Spalte ein (2). Falls Sie noch keine Mitarbeiter haben sollten, dann steht hier halt eine Null. Wenn Sie schon Mitarbeiter haben, dann tragen Sie darunter (3) den Umsatz ein, den Sie ihnen zutrauen. In unserer Beispielrechnung gehen wir davon aus, daß die Mitarbeiter von Herrn Muster nur die Hälfte von seinem Umsatz schaffen.

Als nächstes geht es um die Mitarbeitergewinnung. Herr Muster will jeden Monat selbst zwei neue Mitarbeiter gewinnen (4). Wir haben vorher besprochen, jeden Monat selbst fünf neue Mitarbeiter zu gewinnen sei ein wünschenswertes und auch verwirklichbares Ziel. Herr Muster traut sich jedoch nicht soviel zu, und das wird natürlich in seiner Zielsetzung berücksichtigt.

Seine Mitarbeiter schaffen wieder nur halb so viel wie er, also gewinnt jeder seiner bestehenden Mitarbeiter nur einen neuen Mitarbeiter (5). Darunter steht der Umsatz aller neuen Mitarbeiter von diesem Monat (6).

Als nächstes wird die notwendige Terminzahl eingetragen (7), die Ihnen Ihr Strucki ausrechnet. Den Gesamtumsatz additiv (8) können Sie jetzt leicht ausrechnen: (1)+(3)+(6).

Dazu zählen Sie Ihren Eigenumsatz, und Sie haben den additiven Gesamtumsatz (9) des ersten Monats. Ihren Verdienst (10) rechnen Sie wieder mit Ihrem Strucki aus.

Schauen wir uns nun die bestehenden Mitarbeiter im zweiten Monat an (11). Herr Muster hatte drei bestehende (2), zwei neue direkte (4) und drei neue indirekte (5) Mitarbeiter, also insgesamt acht. Wir sind davon ausgegangen, daß 20% davon wieder aufhören. 20% von acht sind 1,6 Mitarbeiter. 1,6 Leute gibt es nicht, deshalb haben wir auf zwei aufgerundet. Wenn von acht Mitarbeitern zwei wieder aufhören, so bleiben sechs übrig (11).

Der Umsatz dieser Mitarbeiter steht wieder darunter (12). Herr Muster will wieder zwei neue Mitarbeiter gewinnen (13), und von seinen Mitarbeitern gewinnt nur jeder zweite einen neuen Mitarbeiter (14). Darunter finden Sie den Umsatz dieser neuen Mitarbeiter (15).

Den Gesamtumsatz können Sie jetzt wieder wie im ersten Monat ausrechnen. In den folgenden Monaten sind wir genauso vorgegangen, das heißt, wir haben 20% der Mitarbeiter aufhören lassen. Dabei haben wir immer aufgerundet. Auch in der Folgezeit haben die Mitarbeiter nur halb soviel Umsatz geschrieben wie Herr Muster, und auch weiterhin hat nur jeder zweite Mitarbeiter einen neuen Mitarbeiter gewonnen.

Die Zielsetzung müßte jetzt klar sein, Sie müßten also selbst eine für sich erstellen können. Wenn Sie im sechsten Monat unter Gesamtumsatz additiv Ihr Ziel nicht erreicht haben, dann müssen Sie im ersten Monat des nächsten Halbjahres mehr Mitarbeiter gewinnen. Das wird sich gewaltig auf den Rest des Halbjahres auswirken. Experimentieren Sie ruhig ein bißchen, bis Ihre Zielsetzung wirklich paßt.

Achten Sie aber bitte auch darauf, daß Sie Ihr Ziel mit einem Überhang schaffen, also eigentlich mehr schaffen, als

Sie sich vorgenommen haben. Herr Muster wollte eigentlich nur 5000 Umsatzeinheiten schaffen, seine Zielsetzung geht jedoch über 6210.

Falls er jetzt einmal in einem Monat sein Ziel doch nicht erreicht, es jedoch in allen anderen Monaten verwirklicht, dann schafft er es trotzdem. Das ist noch eine kleine Sicherung, die man einbauen kann.

Schauen Sie sich jetzt einmal die gesamte Zielsetzung an. Diese Zielsetzung kann man verwirklichen. Wenn wir einmal die bestehenden Mitarbeiter ansehen, dann haben wir erst drei, dann sechs, dann acht, dann elf, schließlich vierzehn und achtzehn. Das sind realistische und nicht übertriebene Zahlen. Genauso ist es beim Umsatz auch. Planen Sie bitte realistisch.

Jetzt sind Sie dran. Fangen Sie also selbst an, Ihre Zukunft zu planen. So können Sie Ihr Schicksal selbst leiten und werden nicht von Ihrem Schicksal geleitet. Gehen wir nun kurz zu Ihren Mitarbeitern über. Ihre Mitarbeiter können Sie selbst bzw. kann Ihr Strucki mit deren Zielsetzung motivieren.

Neben der Spalte »Ziel« finden Sie eine Spalte »Ist«. Dorthin werden die erbrachten Leistungen wöchentlich eingetragen. Wurde das Ziel für die vergangene Woche erreicht, dann tragen Sie das Ergebnis in Schwarz ein, wenn nicht, dann in Rot. Der Mitarbeiter muß sein Ziel mit aller Kraft erreichen wollen; darum wird ihn jede rote Zahl zu höheren Leistungen anspornen. Das gilt selbstverständlich auch für Sie. Wenn Sie das gesteckte Ziel nicht wirklich erreichen wollen, dann sparen Sie sich die Zeit für die Planung, denn Sie machen sie umsonst. Wenn Sie Ihr gestecktes Ziel jedoch wirklich erreichen wollen, dann wissen Sie jetzt, wie es geht.

Jetzt wird Ihnen mit Sicherheit auch selbst klarwerden, warum Sie Ihre Umsatzzahlen wöchentlich Ihrem Strucki melden müssen. Nur so ist ein gezieltes und geplantes Arbeiten möglich. Die Ziele, die Sie sich stecken, sollen Sie in Bewegung setzen, die Kontrolle soll Sie in Bewegung halten und Sie dann daran erinnern, daß Sie vielleicht zuwenig für Ihr Ziel getan haben.

Immer wenn bei Ihnen eine rote Zahl auftaucht, dann wissen Sie, daß Sie in der vergangenen Woche zuwenig geleistet haben und in der nächsten Woche Ihre Leistung erheblich steigern müssen. Sehr oft schleicht sich da eine gefährliche Einstellung ein: »Ach, ich habe mein Ziel ja nur knapp verfehlt, das hole ich irgendwie schon wieder auf, denn ich habe ja noch fünf Monate Zeit dazu.« Eine folgenschwere Einstellung, denn das Ziel für dieses Halbjahr können Sie dann vergessen. Sie müssen sich in den folgenden Wochen schon genug anstrengen, um die Ziele für diese Wochen zu erreichen. Wie wollen Sie dann noch den vorher nicht geschafften Umsatz zusätzlich erreichen? Es gilt grundsätzlich:

Wenn Sie im ersten Monat Ihr Ziel verfehlen, dann ist das Halbjahresziel komplett verfehlt.

Strengen Sie sich deshalb ab dem ersten Tag an. Tun Sie alles, was Sie können, um Ihr Ziel zu erreichen. Und wenn Sie einmal zwei Wochen hintereinander Ihr Ziel nicht erreicht haben, dann machen Sie ab dem Zeitpunkt eine neue Planung für das Halbjahr, denn erfahrungsgemäß läßt sich dieser Rückstand nicht mehr aufholen. Deshalb ist es wichtig, von Beginn an mit aller Konsequenz an der Verwirklichung seines Ziels zu arbeiten und auch zwischendurch nicht nachzulassen.

Das Ziel ist erst dann erreicht, wenn Sie auch die letzte Kleinigkeit geschafft haben. Man kommt sehr leicht in Versuchung zu sagen: »Ach, ich habe ja noch immerhin ein halbes Jahr Zeit.« Sie haben nicht umsonst für jede Woche ein Ziel erarbeitet. Je mehr Sie aufschieben, desto unwahrscheinlicher wird es, daß Sie es doch noch schaffen. Sie müssen in jeder Woche das von Ihnen geplante Ziel schaffen, dann erreichen Sie auch mit Sicherheit das Endziel.

Zusätzliche Tips

Es gibt einen kleinen Trick, wie man sich selbst unter Druck setzen kann. Das ist natürlich nur bildlich gemeint, aber jeder Mensch braucht einen gewissen Druck, damit er in seiner Leistung nicht nachläßt. Veröffentlichen Sie einfach Ihr Ziel. Teilen Sie es andern Leuten mit, so daß Sie von Ihnen automatisch darauf angesprochen werden. So müssen Sie Ihr Ziel erreichen, wenn Sie sich nicht blamieren wollen.

Verwechseln Sie dies aber nicht mit meiner Bitte aus der Einführung dieses Buches. Sie sollen nicht mit Dingen angeben, die Sie noch nicht erreicht haben. Sie sollen auch nicht herumprotzen, was Sie ab jetzt für großartige Dinge tun werden. Aber Sie können getrost Ihrer Familie oder Ihren besten Freunden erzählen, daß Sie in diesem Halbjahr den Umsatz erreichen wollen. So haben Sie später keine Möglichkeit mehr, einen Rückzieher zu machen.

Wenn es gute Freunde von Ihnen sind, dann werden sie immer dann nach Ihrem Ziel fragen, wenn gerade wieder Ihr »innerer Schweinehund« zuschlägt. Wenn Sie jetzt allerdings sagen, daß Sie keine solchen Freunde haben, dann müssen Sie sich halt selbst immer dann motivieren, wenn Sie es nötig haben.

Bei diesen ganzen Punkten, die man bei der Zielsetzung und Planung beachten muß, darf man eines jedoch nicht tun, was ich leider schon sehr oft erlebt habe. Da sitzen die Mitarbeiter ständig im Büro und planen so vor sich hin.

Eine gute Planung erfordert nun einmal ihre Zeit, aber wenn Sie einen halben oder sogar ganzen Tag lang an Ihrer Planung herumgefeilt haben, dann ist es genug! Jetzt ist es viel wichtiger, Ihre Planung in die Tat umzusetzen. Es genügt, wenn Sie sich zu Beginn eines jeden Halbjahres einen Tag Zeit nehmen. An diesem Tag machen Sie für sich selbst eine Zielsetzung und Planung. Dieser Tag gehört nur Ihnen, da soll Sie keiner stören. Da können Sie sich in aller Ruhe auf das nächste Halbjahr vorbereiten.

Damit haben Sie aber genug für das ganze Halbjahr geplant. Planen und verwalten Sie sich also nicht tot, sondern beschränken Sie sich dann auf das Wesentliche: Ihre Planung in die Praxis umzusetzen.

Die Zusammenfassung

1. Legen Sie Ihr(e) Ziel(e) schriftlich fest.

2. Machen Sie eine Planung dazu.

3. Setzen Sie die Planung in die Praxis um.

4. Sie müssen Ihr Ziel ab dem ersten Tag schaffen.

5. Sie haben das Ziel erst erreicht, wenn Sie auch die letzte Kleinigkeit geschafft haben.

Sie können jedes Ziel erreichen, wenn Sie nur wirklich wollen!

Halbjahresplanung

Name, Vorname: ______________________

Mitarbeiternummer: ______________________ Eigenumsatz: ______________________

Strukturhöherer: ______________________ Mitarbeiter: ______________________

	Januar		Februar		März		April		Mai		Juni	
	Ziel	Ist	Ziel	Ist	Ziel	Ist	Ziel	Ist	Ziel	Ist	Ziel	Ist
Eigenumsatz												
Bestehende MA												
Umsatz best. MA												
Neue dir. MA												
Neue ind. MA												
Umsatz neuer MA												
Terminzahl total												
Gesamtumsatz mtl.												
Gesamtumsatz add.												
Verdienst												

Halbjahresplanung

Name, Vorname: Muster, Karl

Mitarbeiternummer: 0815

Strukturhöherer: Chefi, Hans

Eigenumsatz: 460 Umsatzeinheiten

Mitarbeiter: 3

	Januar		Februar		März		April		Mai		Juni	
	Ziel	Ist	Ziel	Ist	Ziel	Ist	Ziel	Ist	Ziel	Ist	Ziel	Ist
Eigenumsatz	100	(1)	100		100		100		100		100	
Bestehende MA	3	(2)	6	(11)	8		11		14		18	
Umsatz best. MA	150	(3)	300	(12)	400		550		700		900	
Neue dir. MA	2	(4)	2	(13)	2		2		2		2	
Neue ind. MA	3	(5)	3	(14)	4		5		7		9	
Umsatz neuer MA	250	(6)	250	(15)	300		350		450		550	
Terminzahl total		(7)										
Gesamtumsatz mtl.	500	(8)	650		800		1000		1250		1550	
Gesamtumsatz add.	960	(9)	1610		2410		3410		4660		6210	
Verdienst		(10)										

9. Kapitel

... der letzte Eindruck ist der bleibende

Nach all meinen Seminaren erlebe ich immer wieder dasselbe Phänomen. Die Teilnehmer haben das Seminar konzentriert verfolgt, und am Ende stehen Sie auf und wissen plötzliches *alles*. Plötzlich ist jeder der absolute Vertriebskönig, der alles kann, der alles weiß und dem niemand mehr etwas vormachen kann.

Fühlen Sie sich jetzt, nachdem Sie das Buch gelesen haben, genauso? Haben Sie auch das Gefühl: »Ich weiß und kann doch eigentlich schon eine ganze Menge?« Nun, mit Sicherheit fühlen Sie sich ein bißchen so, stimmt's?

Vergessen Sie es. Ganz schnell. Sie wissen und können nämlich noch gar nichts. Es ist genauso, als ob ein zweijähriger Bub, der ja laufen kann, bei den Olympischen Spielen teilnehmen will. Genauso wie der kleine Bub das Laufen beherrscht, so beherrschen Sie den Vertrieb. Sie kennen jetzt zwar etwas den Ablauf des Vertriebes, aber mehr ist es noch nicht. Das einzige, was Sie jetzt tun müssen, um ein wirklicher Profi zu werden, ist üben, üben und nochmals üben.

Der kleine Bub kann vielleicht in zwanzig oder mehr Jahren bei den Olympischen Spielen teilnehmen. Dafür muß er aber hart trainieren und so früh wie möglich damit beginnen. Sie müssen ab jetzt zwar auch hart arbeiten, doch können Sie Ihre Ziele schon viel schneller erreichen. Haben Sie es da nicht viel besser als unser Bub?

Jetzt liegt es nur noch an Ihnen, was Sie aus dem, was Sie gelesen, und dem, was Sie in Schulungen gelernt haben, machen. Sie können jetzt zu sich selbst sagen: »Das war interessant. Mal schauen, vielleicht versuche ich es einmal.« Doch damit ändern Sie gar nichts, denn wenn Sie das tun, was Sie bisher immer getan haben, dann werden Sie auch in Zukunft das bleiben, was Sie schon immer waren. Denken Sie über den letzten Satz noch einmal nach, und fragen Sie sich, warum Sie eigentlich im Vertrieb begonnen haben.

Was haben Sie für Ziele, was für Wünsche? Möchten Sie sich selbst einmal Dinge gönnen, die für Sie im Augenblick noch unerreichbar sind? Oder vielleicht Ihrer Familie ein sorgenfreies Leben bescheren? Oder was sonst? Sie werden jetzt vielleicht sagen: »Das einzige, was ich will, ist Gesundheit. Und die kann man mit Geld nicht kaufen!«

Wirklich nicht? Ist es nicht ein Unterschied, ob ich mir als selbständiger Vertriebsmann für mich und meine Familie dann Zeit nehme, wenn meine Familie mich braucht, oder als Arbeitnehmer (vielleicht sogar als leitender Angestellter) ständig unter Erfolgszwang stehe? Und wenn es mir einmal wirklich nicht gut geht, einfach Urlaub machen kann, wann immer ich will und wie lange ich will? Oder im Krankenhaus: Ist es nicht doch ein Unterschied, ob ein Assistent oder ein Spezialist Sie behandelt? Nun, ein Spezialist kostet nun einmal mehr Geld als der diensttuende Abteilungsarzt, und die Krankenkasse zahlt nur bestimmte Leistungen. Viele Wünsche kann man mit Geld erfüllen. Nur muß man dafür hart arbeiten und viele Widerstände überstehen.

Es haben schon so viele Leute mit so vielen Träumen und einer noch größeren Klappe auf Vertriebsseminaren gesessen. Doch schon bei dem kleinsten Widerstand haben sie das Handtuch geworfen. Schuld daran hatten natürlich immer die anderen. Die Kunden, die sie besucht haben, waren alle doof, oder der Strucki hat sie nicht gut genug ausgebildet. Ein Lieblingsargument, das man immer wieder hört, ist auch: »Dieses Gebiet ist für dieses Produkt nicht geeignet« oder: »Ach wissen Sie, die Leute hier...« Das ist natürlich ein absoluter Quatsch. Ein Gebiet ist so gut wie das andere. Es kommt nur darauf an, wie ich es angehe.

Man wirft nur zu schnell das Handtuch, denn das ist oft der leichteste Weg. Bei Schwierigkeiten einfach aufgeben und zur »Normalität« zurückkehren. Damit ist dann alles erledigt. Falls Sie einmal nach den Gründen für Ihr Aufgeben gefragt werden sollten, dann ist auch schnell ein Schuldiger dafür gefunden. Für Ihr Leben sind jedoch nur Sie selbst verantwortlich. Sie selbst können hier und jetzt entscheiden, wo Sie in fünf, zehn oder zwanzig Jahren stehen werden. Durch Ihren Fleiß und Ihren Einsatz können Sie dann Ihren Entschluß Realität werden lassen.

Fassen Sie einen Entschluß, was Sie werden wollen, und setzen Sie das dann in die Tat um. Wenn Sie sagen: »Das ist mir zuviel Streß, ich möchte lieber ein ganz normaler Arbeitnehmer bleiben«, dann ist es in Ordnung. Der Strukturvertrieb ist nicht für jedermann geeignet. Der ganz große Erfolg ist nun einmal wenigen vorbehalten.

Wenn Sie allerdings sagen: »Ich will den absoluten Erfolg, denn ich habe darauf ein Recht wie jeder andere auch, und ich will mein Bestes geben, um ihn zu erreichen«, dann gibt es ab sofort für Sie nur noch einen Weg: geradeaus! Ganz egal, was passiert, ganz egal, was für Rückschläge kommen, der Weg wird nicht mehr verlassen!

Überlegen Sie sich einmal, welche Chance Sie im Strukturvertrieb wirklich bekommen haben. Sie können sich ohne jedes Risiko selbständig machen, Sie bekommen kostenlos das gesamte Wissen, das Sie brauchen, vermittelt, und Sie werden ständig kontrolliert, ob Sie auch alles richtig machen.

Jeder andere Mensch, der sich selbständig machen will, hat diese Hilfe nicht. Der muß sich ganz allein durchboxen – ganz abgesehen von seinem finanziellen Risiko, das er dabei noch trägt.

Sie können sich im Strukturvertrieb vollkommen ohne Risiko selbständig machen. Sie müssen nicht einmal Ihren sicheren Arbeitsplatz aufgeben, sondern können nebenberuflich starten. Vielleicht ist es zu leicht, und deshalb wirft man das Handtuch viel zu schnell. Nutzen Sie also Ihre Chance; ich weiß nicht, ob Sie im Leben noch einmal so eine bekommen!

Sie müssen einfach nur das tun, was Ihr Strucki schon vor Ihnen getan hat. Stellen Sie sich vor, daß er den Weg, den Sie gehen wollen, schon ein Stück vorausgegangen ist. Sie müssen ihm jetzt einfach nur folgen. Er wird Ihnen mit Sicherheit Hinweise geben, wie Sie den Weg am besten beschreiten. Er wird Ihnen bestimmt sowohl Schwierigkeiten als auch Abkürzungen auf Ihrem Weg zeigen, aber er wird auf keinen Fall zurückkehren und Sie tragen. Tun Sie daher einfach Ihre Aufgabe. Was Ihre Aufgabe ist? Das wissen Sie doch schon. Sie haben im Augenblick nur eine Aufgabe: Verkaufen. Bis Sie die nächste Stufe erreicht haben, denken Sie an nichts anderes außer an Verkaufen. Ihr Strucki stellt Ihnen Ihre Mitarbeiter ein und betreut diese auch noch für Sie. Seien Sie Ihren Mitarbeitern vom ersten Tage an ein Vorbild.

Ich habe sehr jung im Strukturvertrieb begonnen. Dadurch hatte ich anfangs Schwierigkeiten, mich bei Mitarbeitern durchzusetzen, die teilweise doppelt so alt waren wie ich. Ich bin daraufhin zu meinem Strucki gegangen und habe ihn um Rat gefragt. Er sagte nur einen Satz zu mir:

»Führen durch Vorbild.«

Danach drehte er sich auf dem Absatz um und verschwand. Führen durch Vorbild heißt, von seinen Mitarbeitern niemals mehr zu verlangen, als man selbst leistet. In diesem Augenblick habe ich mich ganz fest entschlossen, die höchste Verkaufsauszeichnung der Gesellschaft zu erreichen. Es war ein Anstecker aus Gold, den nur ganz wenige Leute in der Firma ihr eigen nennen durften. Ich setzte mich sofort hin und schrieb als erstes mein Ziel ganz groß auf ein Blatt. Danach erarbeitete ich eine Planung, um dieses Ziel zu erreichen.

Es war eine riesengroße Anstrengung, aber im zweiten Anlauf schaffte ich es schließlich ganz knapp. In der Folgezeit glaubte ich meinen Augen nicht zu trauen. Ich wurde von sämtlichen Leuten ganz anders behandelt. Plötzlich war ich nicht mehr irgendein Mitarbeiter, sondern mein Name war jedem bekannt. Sogar Mitarbeiter aus anderen Büros und Geschäftsstellen kannten mich plötzlich. Alles, was ich ab da sagte, wurde plötzlich ganz anders aufgenommen. Mit einem Mal war ich offenbar ein ganz anderer Mensch geworden, zu einem Vorbild der Gesellschaft.

Wenn Sie sich in Ihrer Gesellschaft und insbesondere bei Ihren Mitarbeitern Respekt verschaffen wollen, dann tun Sie das durch eine außergewöhnliche Leistung. Das wird sich bei Ihren eigenen Mitarbeitern, den Mitarbeitern Ihrer Mitarbeiter und in den folgenden Mitarbeitergenerationen herumsprechen, bis die Leute Sie gar nicht mehr persönlich kennen, sondern nur noch Ihr Namen wie eine Legende genannt wird. Machen Sie also durch Leistung auf sich aufmerksam.

Sie werden das spätestens dann merken, wenn Sie Schulungen über das Verkaufen halten. Es ist ein gewaltiger Unterschied, ob Sie als Theoretiker irgendwelche Phrasen erzählen oder ob Sie als bekannter Starverkäufer Ihren Mitarbeitern hilfreiche Tips aus der Praxis geben. Dann werden Sie angehimmelt, und die Teilnehmer werden gebannt an Ihren

Lippen hängen. Das ist einfach ein Gefühl, das man nicht beschreiben kann! Sie werden ein Selbstwertgefühl haben, wie Sie es bis jetzt noch nicht gekannt haben.

Ich weiß nicht, welchen Weg Sie gehen wollen, denn es ist ganz allein Ihre Sache. Sie selbst schauen sich jeden Morgen im Spiegel an, und Sie selbst können dann zu sich sagen: »Hätte ich ...« oder »Wäre ich ...« und dabei in das Gesicht eines Versagers blicken. Oder Sie schauen in das Gesicht eines erfolgreichen Menschen und sagen zu sich selbst: »Ich bin stolz auf das, was ich geschafft habe, und auf das, was ich heute bin.«

Ich weiß nicht, wie Sie sich entscheiden, aber entscheiden Sie sich. Treffen Sie eine Entscheidung, und stehen Sie dazu, ohne Wenn und Aber. Machen Sie etwas aus Ihrem Leben, denn es ist Ihr einziges. Ihr Strucki wird Ihnen mit Sicherheit dabei helfen, wo immer es geht, aber tun müssen Sie es selbst. Es liegt ganz allein an Ihnen. Laufen Sie also nicht mehr länger Ihrem Glück hinterher, sondern gehen Sie ihm entschlossen entgegen!

Wenn Sie Fragen oder Wünsche haben, dann schreiben Sie mir einfach. Schreiben Sie an den Verlag*, Stichwort Udo Paul, Ihre Briefe kommen dann bei mir an. Ich halte auch gern Schulungen für Ihre Gesellschaft, wenn Sie es wünschen.

Ich würde mich freuen, wenn Sie die nächste Stufe der Karriereleiter erreichen würden und wir dort, im nächsten Buch, wieder gemeinsam ein Stück auf Ihrem Erfolgsweg gehen. Bis dahin wünsche ich Ihnen den Erfolg des Tüchtigen.

Verkaufen Sie sich an die Spitze!

* Oesch Verlag AG, Tramstraße 71, CH-8050 Zürich